内容简介

本书着眼于复杂作战条件下作战计划的科学评估分析研究现实需求，从作战实验方法的基础性研究着手，找准作战实验方法与计划评估分析需求的结合点，设计了作战计划仿真实验评估分析基本框架。在实验设计阶段基于体系分层设计思想，提出了一种作战计划仿真实验分析指标体系构建方法。继而分别对框架内以实验评估、诊断、优化为主要内容的核心分析方法进行系统阐述，并对提出的方法体系进行了实践性案例验证研究。

本书可为作战计划仿真实验评估分析领域相关研究人员、作战实验理论与应用研究人员提供方法支撑，也可作为军事运筹与作战实验学科的研究生拓展教材。

图书在版编目（CIP）数据

作战计划仿真实验评估分析方法 / 常青，胡剑文，冯晓文著． -- 北京：国防工业出版社，2025.7.
ISBN 978 - 7 - 118 - 13796 - 5

Ⅰ．E83 - 39

中国国家版本馆CIP数据核字第2025819UN3号

※

国防工业出版社出版发行
（北京市海淀区紫竹院南路23号　邮政编码100048）
北京虎彩文化传播有限公司印刷
新华书店经售

*

开本 710×1000　1/16　印张 7　字数 114 千字
2025 年 7 月第 1 版第 1 次印刷　印数 1—1500 册　定价 88.00 元

（本书如有印装错误，我社负责调换）

国防书店：(010) 88540777　　书店传真：(010) 88540776
发行业务：(010) 88540717　　发行传真：(010) 88540762

作战计划仿真实验评估分析方法

常青 胡剑文 冯晓文 著

国防工业出版社

·北京·

前 言

作战计划是军队为遂行作战任务而对作战准备和实施制定的计划,是指挥员决心的具体体现,组织与实施作战行动的依据。作战计划的评估分析是开展作战研究、军事训练和武器装备分析的一项基础性、关键性工作。近年来,军内外相关研究单位就作战计划的评估方法开展了广泛的研究,研究成果的应用为开展作战问题相关研究提供了有效方法手段。然而随着作战系统复杂性、不确定性的不断升级和作战时效性要求的不断提高,计划评估分析工作面临新的挑战,急需新的研究方法来支撑。作战实验是当代军事实践活动的新领域,也是军事科研新手段。可以将作战实验方法应用于计划评估分析领域,利用作战实验的因果分析特性,能够建立计划要素与计划结果之间的关联关系,进而为指挥人员优化作战计划提供科学的、定量化的数据支撑。本书从作战实验方法的基础研究着手,找准作战实验方法与计划分析需求的结合点,采用理论探索与实践应用相结合的研究方法,提出作战计划仿真实验评估分析框架,并对框架内核心分析方法进行深入研究。

本书第 1 章对作战计划仿真实验相关发展与研究现状进行了综合分析,建立对作战计划仿真实验的全面认知。第 2 章提出作战计划仿真实验评估分析基本框架("FER – EDO – DCA"),构建了可行性、有效性、稳健性三类计划评估分析标准,建立了评估、诊断、优化三种评估分析方法,明确了实验设计、实验分析和实验控制构成的计划仿真实验评估分析流程,设计了基于计划仿真实验评估分析框架的串、并行两类应用模式,为作战计划仿真实验评估分析提供了体系化的研究框架。第 3 章基于指标体系分层设计思想,提出一种作战计

作战计划仿真实验评估分析方法

划仿真实验评估分析指标体系构建方法，并对计划评估分析实验的可行性、有效性和稳健性三类常用实验指标以及策略、能力、环境和作战规则四类实验参量空间进行了初步设计，为实现作战计划仿真实验评估分析研究的科学有效实验设计提供支撑。第 4 章至第 6 章提出由评估、诊断和优化方法构成的作战计划仿真实验评估分析方法体系。在主观、客观两类任务指标需求空间的基础上构建基于重合度测度的四类评估分析模型和基于距离测度的两类评估分析模型；系统研究统计分析、联机分析处理（OLAP）和基于 2^k 因子设计的效应分析等仿真实验诊断方法的特点和实现过程，设计基于任务指标需求空间的指标灵敏度分析和协调性分析诊断算法；构建基于任务指标需求空间的任务特性指标优化分析方法，设计基于"实验参量－任务特性指标－任务完成度"优化关联模型的计划优化过程。研究成果可为作战计划仿真实验评估分析提供整体性评估手段和定量化诊断、优化方法。第 7 章以空中打击作战计划仿真实验评估分析研究为例，对本书提出的实验设计、实验指标聚合、需求空间构建、实验评估、实验诊断和实验优化等方法进行了实践性验证研究。

  本书内容是笔者长期从事作战仿真实验计划评估与分析工作的研究成果总结。如何切实将作战实验引入作战研究领域？如何充分发挥作战实验作用以深度推进作战计划评估分析水平？笔者围绕上述问题，在理论与实践方法上做了一些探索，取得了一定成效。随着作战实验近年来再度成为研究热点，我们经历了百花齐放、百家争鸣，正在逐步统一思想的过程中，同时智能时代的来临给作战实验的发展也带来更多新的研究视角。而恰在此时，我们对作战实验机理的准确认知、科学运用、基础研究、实践应用却显得尤为重要。作战实验全面深度进入作战研究领域，发挥科学支撑作用还有很长的路要走。所以本书的出版远不是对作战实验研究的停止，而却正是在揭开一页新的篇章。

  感谢本书写作团队，志合者，不以山海为远。对作战实验的热爱将我们紧紧联系在一起，奋斗至今，未来亦将结伴前行。感谢毕长剑教授、刘小荷教授、孙金标教授对本书给出的建议与指导，感谢我所在的作战实验团队伙伴们持续的实践努力。

  由于作者水平有限，本书难免存在疏漏和不足，恳请读者海涵和指正。

常青

2025 年 7 月 9 日

于北京昆玉河畔

目 录

第1章 绪论 ··· 1

1.1 作战实验的快速发展与应用需求 ································· 1
　　1.1.1 作战实验方法蓬勃发展 ····································· 1
　　1.1.2 现代军事科学研究模式由传统理性思辨模式
　　　　　向实验分析模式转变 ··· 2
　　1.1.3 指挥训练模式由传统"演练"模式向"研练"
　　　　　模式转变 ·· 2
1.2 作战计划仿真实验评估分析方法研究的意义 ·················· 3
　　1.2.1 为开展作战计划评估分析研究提供有效的方法支撑 ····· 3
　　1.2.2 为推进指挥训练模式转变提供有力的基础支撑 ·········· 4
1.3 相关领域研究现状 ·· 4
　　1.3.1 作战计划分析研究现状 ·· 4
　　1.3.2 作战实验研究现状 ··· 7

第2章 作战计划仿真实验评估分析基本框架 ····················· 13

2.1 概念的提出 ·· 13
2.2 方法的特点 ·· 14
　　2.2.1 以仿真实验方法为基本依托 ································· 14
　　2.2.2 基于任务需求进行整体分析 ································· 15

2.2.3　以评估、诊断、优化方法构建综合分析过程 ………… 15
　　　2.2.4　突出定性定量相结合 …………………………………… 15
　2.3　结构组成 ………………………………………………………… 15
　　　2.3.1　分析标准 ………………………………………………… 16
　　　2.3.2　分析方法 ………………………………………………… 17
　　　2.3.3　分析过程 ………………………………………………… 17
　2.4　方法体系 ………………………………………………………… 18
　　　2.4.1　仿真实验评估方法 ……………………………………… 18
　　　2.4.2　仿真实验诊断方法 ……………………………………… 19
　　　2.4.3　仿真实验优化方法 ……………………………………… 19
　2.5　应用模式 ………………………………………………………… 20
　　　2.5.1　应用分类 ………………………………………………… 20
　　　2.5.2　分析模式 ………………………………………………… 21

第3章　作战计划仿真实验设计方法 …………………………………… 25
　3.1　实验设计步骤 …………………………………………………… 25
　3.2　实验指标体系构建 ……………………………………………… 27
　　　3.2.1　构建原则 ………………………………………………… 27
　　　3.2.2　实现方法 ………………………………………………… 28
　　　3.2.3　作战计划仿真实验评估分析常用指标 ………………… 33
　3.3　作战计划仿真实验参量空间构建 ……………………………… 36
　　　3.3.1　策略参量空间 …………………………………………… 36
　　　3.3.2　能力参量空间 …………………………………………… 38
　　　3.3.3　环境参量空间 …………………………………………… 39
　　　3.3.4　作战规则参量空间 ……………………………………… 39

第4章　作战计划仿真实验评估方法 …………………………………… 41
　4.1　基于任务指标需求空间的仿真实验评估方法概述 …………… 41
　　　4.1.1　相关概念 ………………………………………………… 42
　　　4.1.2　方法流程 ………………………………………………… 43
　　　4.1.3　方法特点 ………………………………………………… 45
　4.2　任务指标需求空间生成方法 …………………………………… 46

		4.2.1 客观型任务指标需求空间的生成方法 ················· 46
		4.2.2 主观型任务指标需求空间的生成方法 ················· 49
	4.3	基于任务指标需求空间的评估算法 ·························· 51
		4.3.1 有效性分析概念 ·· 51
		4.3.2 基于重合度测度的有效性评估算法 ···················· 51
		4.3.3 基于距离测度的有效性评估算法 ······················· 53
		4.3.4 多任务指标需求空间有效性评估算法 ················ 54

第 5 章　作战计划仿真实验诊断方法 ·································· 56

	5.1	可支持诊断的常用分析方法 ····································· 56
		5.1.1 统计分析方法 ·· 56
		5.1.2 OLAP 分析方法 ··· 59
		5.1.3 基于 2^k 因子设计的效应分析方法 ···················· 63
	5.2	基于任务指标需求空间的指标分析诊断方法 ············· 66
		5.2.1 敏感性分析 ·· 67
		5.2.2 协调性分析 ·· 68

第 6 章　作战计划仿真实验优化方法 ·································· 70

	6.1	基于正交抽样设计的实验优化方法 ·························· 70
		6.1.1 方法步骤 ··· 70
		6.1.2 方法实例 ··· 71
	6.2	基于任务指标需求空间的实验优化方法 ··················· 76
		6.2.1 优化方法的思想基础 ·· 76
		6.2.2 方法步骤 ··· 78
		6.2.3 方法实例 ··· 82

第 7 章　作战计划仿真实验评估分析实例 ························· 85

	7.1	实验指标与实验因子设计 ·· 85
		7.1.1 实验问题 ··· 85
		7.1.2 实验指标 ··· 86
		7.1.3 实验因子 ··· 86
		7.1.4 实验点组合设计 ·· 87

7.2 计划的实验评估 ……………………………………………… 89
7.2.1 实验需求空间的构建 ……………………………… 89
7.2.2 基于需求空间的实验综合指标数据计算 ……… 89
7.3 计划的实验诊断 ……………………………………………… 91
7.3.1 计划实验数据的总体统计分析诊断 …………… 91
7.3.2 关键实验因素特性分析诊断 …………………… 93
7.3.3 计划打击重心分析诊断 ………………………… 94
7.4 计划的实验优化 ……………………………………………… 98
7.4.1 计划优化实验设计 ………………………………… 98
7.4.2 计划优化实验综合指标数据集结 ……………… 99
7.4.3 计划优化实验方案数据的总体分析 …………… 100

参考文献 ……………………………………………………………… 101

第 1 章

绪 论

"作战实验是当代军事实践活动的新领域,也是军事科研新手段,开拓了信息化条件下联合作战研究的新途径[①]。"作为当代军事变革最为重要的发展引擎,作战实验在丰富的信息资源、高效的认知技术手段和科学的实证认识方法三个要素的合力推动下,在当代军事变革中迅速兴起。它将现代科学实验方法、手段与当代军事科学研究方法有机结合,目的是探索现代战争中关键因素间的相互关系,进而发现和验证作战规律,为作战理论创新提供技术支撑,为信息化建设提供需求牵引,为教育训练提供科学参考。科学地认识作战实验的特点与规律,系统地研究作战实验的理论与方法,是实现我军战斗力生成模式转变和跨越式发展的关键一步。作战计划评估作为作战实验应用的新领域,近年来得到广泛关注和迅速发展,目前美军已将模拟仿真实验的评估方法作为计划审核的必要手段,而我军近年来作战实验也正在逐渐成为作战计划评估的核心支撑手段之一。深入分析作战实验发展应用需求,找准作战实验方法技术对作战计划评估分析的支撑契合点,对推动作战实验方法技术在作战计划评估领域的落地与深化至关重要。

1.1 作战实验的快速发展与应用需求

1.1.1 作战实验方法蓬勃发展

在自然现象的研究领域中,实验作为一种经验认知方法,是自然科学最直接、最重要的认识基础。在中西方军事科学发展之路上,直至 20 世纪 80 年代,军事文献中仍鲜见关于战争实验活动的各种记载。而这一切却在信息时代

---

① 江敬灼. 作战实验若干问题研究 [M]. 北京:军事科学出版社,2010.

发生了根本变化，从20世纪90年代至今，短短二十余年，作战实验方法已在发达国家军队中得到广泛发展与运用。特别是美军为了适应未来作战需求的变化，保持其在世界军事技术上的领先地位，率先构建了"提出构想 – 作战实验 – 部队演习 – 实战检验"的新型建军与备战模式，作战实验由此获得全面重视并得以快速发展。近几场局部战争的实践与西方军事强国的变革成果都在不断印证，作战实验在战争准备、作战计划制定、战法检验、武器作战效能评估和战争结果预测等方面都发挥了重要作用。社会信息基础的全面发展为作战实验提供了丰富有效的信息资源，高新信息技术的迅猛发展为作战实验提供了高效可靠的认知手段，系统科学的发展应用为作战实验提供了科学的实证认知方法。作战实验的方法手段正趋于发展成熟，与军事知识体系相适应的军事实验体系正在建立之中，必将在军事科学创新和军事变革实践中发挥显著作用。

1.1.2 现代军事科学研究模式由传统理性思辨模式向实验分析模式转变

军事认识活动具有极强的实践性。研究战例、总结战史，是最基本、最重要的军事认知方式。然而在信息化军事变革迅猛发展的条件下，与机械化战争相比，信息化战争其体系性、复杂性、不确定性、时效性更加明显，军事实践面临的复杂性、消耗性和风险性也急剧增加。面对瞬息万变的战场态势、多样化的作战任务、潜在的作战对手、日新月异的武器装备、推陈出新的作战样式，以经验归纳、智谋对策和哲学思辨为主要特征的传统军事思维与研究方法面临全新的挑战。一流的军队设计战争，二流的军队应对战争，三流的军队尾随战争。海湾战争之后，为确保全面军事优势，美军提出必须通过作战实验推进作战理论与技术的创新。作战实验作为综合性的作战研究方式，是军事理论与科学技术的有机结合，是作战模拟与部队演习、战争实践的有效结合，是当代最为重要的推动军队变革的新型军事实践活动。战争从实验室打响，已成为不争的事实，从今天的概念到明天的能力，已由梦想成为现实。以总结战争经验为认知取向的传统军事科学，正在逐步与以探索军事变革为认知取向的当代军事科学相结合，军事科学的研究方式也正在由传统理性思辨模式向定性与定量密切结合的系统实验分析模式转变。

1.1.3 指挥训练模式由传统"演练"模式向"研练"模式转变

现代战争，特别是信息化条件下作战，敌对双方的较量，既是高技术兵器的对抗，更是高素质人才的较量。为适应信息化、体系化作战提出的要求，战役指挥人才培养模式改革亟待找到一种研究性与实践性相结合的科学手段，从而为全面深化训练内容、拓展训练手段、创新组训方式提供方法与技术支撑。模拟仿真技术，特别是作战实验方法的引入从根本上改变了传统战役指挥训练模式。基于仿真实验开展指挥训练，改变作战研究停留于文字交流、思想碰撞的概略模式，关注复杂作战环境下的决策分析能力训练，在战前、战中和战后关键决策点，对决策要素进行分解和实验研究分析，构建以发现探索、初步假设、实验验证、评估分析等为主要过程的闭环实验回路。受训人员能够在自主设计实验问题，自主实施实验过程，自主分析实验结果的训练过程中，全面提升自主研究学习能力、自我完善发展能力、自发创新改革能力；在往复式的探索实验过程中，切实提高指挥决策能力；在不断探究和发现深层次作战规律的实验过程中，培育从思想到实验再到实战的科学实证精神。以过程为导向，以程序训练为核心的传统"演练"模式正在向以研究性、回溯性为基本特征，以实验为核心的"研练式"模式转变。

1.2　作战计划仿真实验评估分析方法研究的意义

作战实验是当代军事变革最为有利的研究工具，其在装备研发、院校教学、部队演习、基地训练、高级指挥机构的指挥决策等活动之中，充分发挥着超前探索、引领变革的全局性作用。近年来，随着世界新军事变革的不断深化，作战实验也逐步发展成熟，成为世界军事强国争夺军事发展主动权的又一新战场。科学地认识作战实验的特点与规律，系统地研究作战实验的原理与方法，能够为作战实验的深入发展与实践应用提供理论支撑。而千里之行，始于足下，单纯的作战实验理论没有旺盛的生命力，只有依托作战研究的切实军事需求实践牵引，作战实验理论研究才能够得以不断深入，进而繁荣发展。本书从作战计划分析需求着手，探索计划分析理论方法体系及关键实现技术方法，其理论成果是作战实验应用理论研究的组成部分，对推进、丰富和完善作战实验理论具有积极作用，更对不断推进我军作战研究、军事训练和装备研发的科学发展具有重要意义。

1.2.1　为开展作战计划评估分析研究提供有效的方法支撑

作战计划，作为指挥员作战思想的载体，其合理性、有效性是达成战役目的前提保证，而正确、客观的计划评估分析结论是最终形成高质量作战计划的基础。信息化作战条件下作战时效性高、作战要素多样、要素关系复杂、作战样式多变，作战计划的评估分析缺乏有效支撑工具的矛盾日益突出。传统图上作业、沙盘推演、兵棋推演等分析手段以定性分析为主，缺乏客观的定量分析结论。近年来得到广泛应用的计算机仿真模拟手段，能够实现对计划的动态推演和定量研究，但其方法缺乏探索和发现计划要素与计划任务效果之间客观规律的能力，因而不能够为指挥人员优化计划提供有效的科学建议。本书以计划的评估、诊断和优化方法为主要研究内容，创新性地构建作战计划仿真实验评估分析框架，尝试解决计划研究分析中缺少定量分析手段、因果判断分析和优化方法支撑等问题，对深化计划分析研究内容和提高计划分析水平具有积极的推动作用。

1.2.2 为推进指挥训练模式转变提供有力的基础支撑

信息化条件下，作战双方体系与体系的对抗成为战场对抗的基本特征，基于信息系统的体系作战能力成为作战能力的基本形态。科学决策分析能力、临机处置决断能力、联合作战指挥能力成为体系作战条件下指挥员必须具备的素质。基于作战实验开展指挥训练，是作战实验理论与方法在训练领域的应用与发展，是体系化、信息化作战条件下指挥人才培养模式的一种新尝试。以计划仿真实验评估分析为主线开展指挥训练，受训者能够深入探索并建立复杂作战条件下各要素之间的因果关系，将作战问题研究从传统的评估、择优，拓展到探寻作战规律和提供可行优化建议。本书研究提出的分析框架可以有效地指导指挥训练活动中对计划的评估分析过程，对深化指挥训练内容、创新指挥训练模式和提高指挥训练水平具有基础性支撑作用。

1.3 相关领域研究现状

1.3.1 作战计划分析研究现状

当前国内的研究成果中，与作战计划评估分析相关的概念主要有作战计划评估和作战方案评估两种较为常见的提法。作战计划包括行动计划和保障计划，而作战方案是制定作战计划的基础。权威文献认为作战方案评估是对其可行性、风险度、作战效益等进行的评价和估量，但并未能给出作战计划评估的权威定义,这样一来就造成现存各类文献中对作战计划评估含义的不同理解。美军非常重视计划方案的评估研究,其概念已经以条令的形式权威性的规定下来,并在作战指挥的实践中得到广泛运用。从查阅到的资料看,美军提出"制定完善和实用的方案对任何军事行动的成功都是至关重要的。"① 而《美军联合作战计划制定纲要》指出"制定军事力量的运用计划是指挥的固有职责,是军事行动取得成功的先决条件。"美军的军事计划活动包括力量计划和联合作战计划两个广泛的领域。在联合作战范围内,计划可分为战役计划、周密计划和危机反应计划,而计划评估阶段在周密计划制定的5个阶段中被明确提出。

1.3.1.1 计划分析标准研究

现有文献研究中,主要是针对作战方案或作战计划评估的标准进行了研究。《中国人民解放军军语》(全本)指出进行作战方案评估应从其可行性、风险度、作战效益等方面进行评价和估量。文献[11-15]对作战方案的评估标准或内容进行了研究。袁文先等在文献[11]提出联合战役指挥机关在制定作战预案时应将方案的目的性、完整性、可行性和适应性作为方案评估标准;李荣国等和吴小良等分别在文献[12]、文献[13]的研究中提出联合作战背景下对决策方案进行分析或优化应从符合作战目标要求的程度、作战效益、付出代价、风险度、应变性五个方面实施;王静岩等在文献[14]研究中提出将目标性、作战效益和风险性作为作战方案评估指标;肖凡等在文献[15]中提出以信息、决策、资源消耗等作为基础细化作战方案评估指标体系;文献[16-18]对计划评估的标准进行研究。卢利华在文献[16]中提出作战计划评估应从敌情、我情、环境对作战行动影响的考虑程度,体现指挥员意图的程度,部队的作战特点和作战能力的符合程度,各类突发情况的处置预案是否完备,能否获得最大作战效益五个方面来衡量。董树军在文献[17]中提出从有效性、可靠性、经济性和安全性四个各方面对炮兵计划进行评估。文献[18]对计划方案的评估标准进行细致分类和描述,提出作战计划方案评估标准可分为可行性评估、目的性评估、有效性评估、风险性评估和适应性评估五类。美军在评估对象、评估内容和评估方法上都有相应规定,参联会主席通常从计划的适当性、可行性、可接受性和是否服从联合作战条令等几个方

---

① Campaign Planning Primer, Department of Military Strategy, Planning and Operations, US Army War College, Page 1.

面进行评估。参联会主席会同参联会其他成员、军种部共同完成对作战计划的评估。

1.3.1.2　计划分析方法研究

计划分析一般涉及多指标决策与评估问题，通常在进行计划分析时需要根据作战任务目标、要求以及资源限制等因素，综合采用多种评估方法。黄伟等在文献［19］中采用线性加权的方式，提出将火力运用的合理性通过对总体毁伤效能指数和已用武器总价值两项指标权重进行赋值，实现对联合火力计划方案的评估；张道延等在文献［20］中利用层次分析法，以毁伤程度、物资消耗率、损失率和实施难度四个要素构建效用函数，对炮兵作战方案进行评估与优选；董晓明等与佟淼等分别在文献［21］和文献［22］中以作战效果、敌情了解程度、我情了解程度和环境因素为准则指标，分别使用层次分析法和运用矢量TOPSIS法[①]对作战方案进行了评估；文献［23］根据可拓理论和炮兵战术理论，以达成战术目的程度、行动效益的大小和行动难以实现的程度三个因素之间的关联函数为基础，实施对炮兵火力运用方案的评估；张忠良等在文献［24］中根据各战术、技术因素评判矩阵及各因素的权重向量，建立了对火力运用方案评估的模糊综合评判模型。

1.3.1.3　计划分析框架及系统研究

图上作业、沙盘推演、兵棋推演、计算机仿真模拟等是作战计划评估的主要手段。由于作战方案的复杂性、时效性等不断提高，因而近年来依靠计划方案制定及仿真系统构建计划方案评估框架，成为计划评估的一种重要形式。王文胜等在文献［26］中以构建知识库和推理机为重点，提出作战方案评估专家系统的框架、知识表示和推理方法；罗蓉等在文献［27］提出通过集体讨论和专家征询的方法建立评估指标体系，将层次分析与BP神经网络相结合建立评估模型；董树军等在文献［28］中从作战方案评估智能决策支持系统功能分析入手，重点从战术层面对作战方案涉及的要素进行分析，建立作战方案评估指标；徐润萍等在文献［29］提出基于Agent技术，以数据库、知识规则库、模型库、推理机制、图形库为主要组成，构建多兵种协同作战计划智能决策框架；王进等在文献［30］提出基于CSCW技术和AI技术相结合的分布式作战计划辅助生成系统的构想；肖鹏坤等在文献［31］构建了作战方案效

---

① TOPSIS法，即Technique for Order Preference by Similarity to an Ideal Solution，是一种多属性决策分析方法，主要用于解决复杂决策问题，由C. L. Hwang和K. Yoon于1981年首次提出。

能分析系统框架，通过建立作战方案指标集、效能指标模型、作战能力分析模型，实现作战方案效能分析工作；刘祖煌等在文献［32］提出搭建不确定性条件下联合作战方案评估的效能分析仿真实验平台，开展联合作战方案评估仿真推演实验和可靠性分析。

美军在坚持对传统评估方法研究的基础上，非常重视对软件系统支持下作战方案的拟制与评估研究。美军《联合参谋军官指南》认为"如果没有联合作战计划与实施系统自动数据处理功能的支持，联合作战计划与实施系统的应急计划过程将是缓慢的、迟钝的和死板的，令人无法接受。"刘忠等在文献［36］的研究中指出"目前，美军建有多个军种作战实验室和多个联合作战实验中心，建立了网络化模拟系统，能够对各军种和联合作战行动进行综合实验和评估。"美军《联合火力支援条令》中提出"每项行动方案必须经过战争模拟，以便考虑作战期间敌我双方可能出现的情况。"在美军的《战役计划联合条令》中指出"战略机动要用计算机模型模拟后，作战指挥官才能确认此次作战在运输上的可行性。"

美军大力依托计算机辅助计算系统支持联合作战方案评估。20世纪70年代之后相继研制大型的评估优化模型，用于对突击兵力进行优化配置。具有代表性的是美国国防部同兰德公司联合研制的HEAVY ATTACK模型，美国空军研究与分析局研制的TAM模型以及美国空军作战司令部研制的MIXMASTER模型[10]。在"沙漠风暴"行动中，美军使用应急战区自动化计划系统5.0X制定空中任务指令、消除空中任务指令中的矛盾。美军联合作战计划与实施系统（JOPES）中的行动方案分析与兵棋推演子系统可对作战方案实施评估。美军广泛使用的评估分析系统中，也多具有计划评估分析功能。例如，美军联合作战仿真系统JWARS在支持美国国防部作战研究与联合计划制定过程中能够为分析人员提供基于单次实验结果的"微观分析"，以及基于多次实验结果的"宏观分析"。美国空军使用非常广泛的战区级仿真系统"THUNDER"，能够对联合战役行动中大规模使用空中和空间力量的效能问题进行评估[39]。

1.3.2 作战实验研究现状

1.3.2.1 作战实验理论及应用研究

美军认为军事转型是一项创新性变革的军事系统工程，在转型过程中必须进行长期的摸索与实验，来修正转型过程中的失误与偏差。美军在广泛开展实

作战计划仿真实验评估分析方法

验活动的同时重视对作战实验理论的研究,以为各种作战实验活动提供支持。其中代表性研究成果包括文献[40-47]。文献[40]研究内容涉及作战实验的基本概念和分类、实验过程的剖析、实验的规划、测度与度量以及作战实验想定、数据分析和采集与实验的实施等内容,明确提出了一套行之有效的设计和进行实验活动的组织原则。文献[41]的研究内容聚焦战役作战实验能力的建设,落脚于战役作战实验的组织实施,从实验的方法论层面,分析战役实验能够为美军发展转型提供理论支撑,为科学决策提供核心方法。该文献还提出通过作战模拟、实兵演习等多种形式的战役实验,为各种军事理论、战略转型构想、军事组织、作战条令、装备发展等提供实证性的科学支撑。文献[42]关注作战实验的设计,通过构建一个综合性的逻辑框架保证作战实验"结果的有效性、体系的完备性和逻辑的关联性",为作战实验发展提供理论依据和推进路径。文献[43]提出了14条基本准则,旨在保证联军的防务实验项目能够支持未来部队能力的开发;文献[44]提出基于分布仿真的可靠分析框架;文献[45]提出用以支持联合高级作战实验效果评估的框架。美军在开展战实验理论研究的基础上,非常重视作战实验理论的应用研究。文献[46]应用实验方法对2005年台湾海峡可能发生的军事冲突进行了模拟推演实验,研究成果引起广泛的重视和深远的影响,在世界范围内掀起了作战实验研究的高潮;文献[47]应用实验方法对近十年来台海两岸政治形势和军事平衡的演变,2015年前后影响台海两岸军事平衡的关键因素等问题进行了预测分析。

我军较为集中的作战实验理论研究开始于20世纪末,但一经开始,便在全军掀起了研究和建设高潮。军事科学院是较早从事我军作战实验研究的单位,从2000年便开始跟踪和研究相应的外军作战实验理论和方法,文献[48-54]重点介绍了外军作战实验的最新理论成果,深入探讨和研究作战实验的本质特性和理论方法。文献[55]对军事战略运筹分析的军事实验方法进行了研究。文献[56]对美军战略分析和高层军事决策支持的理论与方法的最新发展进行了介绍;文献[1]总结近十年作战实验研究与应用的初步成果,就作战实验的基本内涵、作战实验室建设、作战实验建模与仿真、作战实验信息技术、作战实验方法以及作战实验的组织与实施等问题进行了探讨;国防大学一直深入研究作战实验理论与方法,文献[57]对复杂系统仿真实验设计与分析技术、理论和方法及其应用进行了全面的探索与研究。文献[58]全面、系统地阐述了作战实验的基本理论与方法;2007年6月,《中国军事科学》以"战争预实践理论研究"为题进行了专题研讨。《军事运筹与系统工程》于2008年第1期举行了"创建作战实验学基本理论"专题研讨会。2009年上半年,军事系统工程专业委员会与蚌埠坦克学院联合组织举办了"陆军作战实验理论与实践"专题研讨会,对作战实验理论、实践、技术和环境等问题进行了较为系统的探讨。文献[59-60]将前文提到的美国国防部CCRP项目组出版的文献[40-42]进行了翻译出版,反映了作战实验的最新成果,具有较强的代表性。文献[61]翻译了仿真实验设计方法领域的学术先驱Jack P. C. Kleijnen教授的著作,为深化作战仿真实验的定量化研究提供了理论与方法支持。另外文献[62-65]分别从不同角度反映了各军种在作战实验理论与实践上的成果。文献[66-72]对科学实验领域的仿真实验设计与分析方法进行了较为全面的阐述。

1.3.2.2 作战实验分类研究

根据对作战实验的应用目的,美军对作战实验进行了分类研究。从用途上将实验划分为探索发现实验(Discovery Experiments)、假设检验实验(Hypothesis Testing Experiments)和演示验证实验(Demonstration Experiments)。美军提出由于军事行动过于复杂以及变革过程代价过于昂贵,因而军事实验必然以一定的逻辑组织方式使用不同类型的实验,从某一个想法或概念出发,发展成为一些可展示的军事能力,因此应将实验划分为单项实验和综合实验(有译为战役实验)[41],并从知识成熟度、实验场景的逼真度和问题的复杂性三个方面构建了综合实验空间。从知识的成熟度上将实验分为探索发现、初始假设、细化假设和演示验证实验;从实验场景的逼真度上将实验分为战争博弈、实验室场景、建模和仿真以及演习四个维度;另外根据问题的复杂性建立了从简单至复杂的多维复杂度实验维。

我军在研究外军作战实验的基础上,从不同视角对作战实验进行了分类。主要有以下几种分类方式[1,57-58]。

按实验的目的或是根据作战实验活动的科学特点,将实验划分为发现实验、假设检验实验和演示实验;按实兵参与程度将实验划分为实兵实验和非实兵实验两种基本类型,进而又将非实兵实验按模拟的设施不同细化为沙盘推演、兵棋推演、图上推演和计算机推演等;按照发展阶段将实验分为传统作战实验和综合作战实验两种;根据实验活动的主体和目的,分为研究分析型实验、指挥(决策)评估型实验、训练预演型实验、实战检验型实验;根据作战实验活动的层次，分为兵种实验、军种实验、联合实验；从支撑作战实验的载体上将实验划分为由战争、演习、虚拟环境、兵棋推演、仿真模型和数学模型支持的作战实验等类型。

1.3.2.3 作战实验框架研究

美军联合作战实验主要着眼于中长期发展目标，兼顾近期作战准备。相应地，作战实验任务区分为近期实验、中期实验和远期实验。美军各年度联合作战实验通常在《2020联合构想》的框架内，围绕一个实验主题组织实施，其步骤一般包括概念发展、先期评估、作战模拟、部队演习和实战检验。

文献［40］指出，实验是美国国防部转型政策的重要节点。如果没有一个突出重点、综合权衡、严谨设计以及专业实施的实验计划，美国国防部就不可能全面充分地利用信息时代的概念和技术所带来的机遇。因此实验应该成为美国国防部一种新的核心能力，应该相称于美军已经具备的世界一流的训练和演习能力。文献将实验划分为实验前阶段、实验实施阶段和实验后阶段三个主要阶段，并进一步将实验过程细化为实验规划、初步实验计划、详细实验计划、预演准备、预演、实验、分析解释七个阶段，并对各阶段产生的实验产物进行了分析。

作为文献［40］逻辑上的延续，文献［41］更加详细地解释战役实验的性质，解释如何才能在正在进行的军事组织转型和军事行动转型的背景下获得战役实验的成果。文献提出战役实验应具备构想、概念确定、提炼和演示阶段。并在附录中提供了包含关于建立一系列战役实验的概念并加以规划、实施所需要的重要问题的战役实验列表，以及为个人和团队提供所需的分析活动来构建实验框架，并提供一系列流程机制来获得所想要的结果的实验框架。

美军针对应用的仿真实验系统，研究相应的仿真实验框架，形成了一系列的理论方法。美国 SAE 公司和 AIAA 研究所提出了概率性体系效能评估方法（Probabilistic System of Systems Effectiveness Methodology，POSSEM）。其过程主要分为定义问题、集成环境、最终分析三个主要阶段[39]。定义问题包括建立研究系统问题的基线、定义输入和输出以及定义想定三个过程；集成环境主要包括实验设计、建模环境、数据分析环境。集成环境中提供人在环路的方式模拟关键决策点，使用决策树来确定和模拟关键决策点，以减小决策规则在评估因果关系时缺乏透明性的问题，并使用响应曲面方法（Response Surface Methodology，RSM）和序列依赖响应曲面方程（Sequence Dependent Response

Surface Equations，SDRSE)，确定设计变量和系统响应之间清晰的因果关系；最终分析阶段为设计者和决策者提供深入分析和优化手段，获取有用信息。

在 JWARS 系统中，设计了一套基于 JWARS 系统进行军事问题分析的流程，包括提出研究申请、制定分析框架、确定效能度量指标、详细制定研究方案、运行仿真实验、减少数据量、针对关注的问题反复运行仿真实验、分析仿真实验结果、产生结论、提交调查结论简报等实验过程。

我军在相关领域也进行了深入的研究，文献［1］指出作战实验分析通常分为作战实验准备、作战实验实施、作战实验结论三个基本阶段，过程通常由提出实验目标、构想实验背景、拟制实验方案、作战实验实施和实验结果分析五个步骤组成。

文献［57］认为战争实验空间的设计和规划就是对战争实验起点和终点的选择，并按照实验对象的复杂程度规划战争实验模式和实验工具。文献针对性地对战争分析仿真实验的过程进行了细化，建立了由战争系统问题建模、仿真实验设计、仿真实验运行管理和仿真实验综合分析等过程的战争分析仿真实验框架，其中，在实验框架中将仿真实验设计细化为问题设计、想定设计和仿真设计等三个步骤来实施。

基于空军战役研究的复杂性，文献［25］对实验设计阶段和实验分析阶段进行了细化，加强了方案分析过程中定性分析的作用，将战役作战实验过程划分为面向领域的实验设计、面向仿真的实验设计、实验的运行与控制、面向实验的分析和面向领域的分析共五个阶段予以实施。

1.3.2.4　作战实验方法研究

美军主要采用以作战仿真、虚拟仿真和实兵演练相结合的方法，对美军的新概念、作战思想和原则进行研究、实验和评估。美军在作战实验中主要应用的方式包括：战争对策模拟、作战建模与仿真、演示性评估、实验性演习、高级作战实验、实战评估等。战争对策模拟，针对未来 10~20 年的国家安全环境、军事威胁和作战能力需求进行长期预测，为开展后续作战实验提供指导框架；作战建模与仿真，在作战仿真环境中对作战概念和作战能力进行深入具体的综合实验评估；演示性评估，用于评估未来技术的应用前景，成熟先进技术和在研武器系统投入作战应用的可行性，以及联合作战条件下各军兵种装备的互联互通能力；实验性演习，主要用于在战场条件下对特定作战概念、武器系统以及联合作战能力进行综合检验；高级作战实验，通常采用实验性演习与计

作战计划仿真实验评估分析方法

算机辅助作战模拟相结合的形式实施,对军种作战概念和相关技术进行综合检验与评估;实战评估是根据实战经验对作战概念和相关技术进行评估。

我军文献[1]较为全面地总结了作战实验方法,提出从定性到定量综合集成方法是作战实验的指导理论。根据作战实验模式,作战实验方法可分为模拟分析、对抗推演和综合研讨方法。模拟分析方法是支持作战实验最主要的定量分析手段,包括仿真实验方法、计算实验方法和混合实验方法。对抗推演方法是支持作战实验中考虑策略博弈的主要分析手段,分为往复式对抗推演方法、连续式对抗推演方法和混合式对抗推演方法。综合研讨方法是支持作战实验中专家体系运行,考虑专家知识与经验,实现从定性到定量综合集成的最主要手段,分为协作式研讨方法和对抗式研讨方法。

第 2 章

作战计划仿真实验评估分析基本框架

当前,应用作战实验开展计划评估还大多停留在对实验设计与实验分析技术的初步应用上,对计划的评估分析也主要以计划的多方案筛选为主。计划行不行？为什么不行？怎么调整才能行？这一系列指挥人员最为关心的本质问题并未得到有效解决。本章针对上述问题,拟以仿真实验方法为支撑技术手段,拓展传统计划评估手段和评估模式,提出作战计划仿真实验评估分析概念和分析框架,并尝试建立一套作战计划仿真实验评估分析的方法体系,为当前作战计划的综合评估分析提供切实可行的方法手段。

2.1 概念的提出

作战计划的评估与作战计划的制定是相辅相成的,没有科学、客观地评估,就很难有高质量的作战计划。传统作战计划评估手段包括图上作业、沙盘推演、兵棋推演、计算机仿真模拟等。开展计划评估其主要过程包括：计划、评估、优化、再评估,直至提交满意的结果。在开展计划评估时,必须要回答以下几个问题。

(1) 计划的目标与任务是否能够完成？(判断问题)
(2) 影响任务完成的原因及要素是什么？(寻找原因)
(3) 如何优化计划才能更好地满足任务要求？(解决问题)

传统作战计划评估手段,特别是模拟仿真方法的广泛应用为回答第一个问题提供了有效的支撑手段,然而在回答第二、三个问题时,现阶段虽有一定计划分析与优化方法得到运用,但面对日益复杂的作战环境,指挥人员渴望能够找到一种更为有力、科学的定量化的辅助分析支撑手段。

作战实验方法的出现,为上述问题的解决提供了全新的思路。基于作战实验的作战计划评估流程,与以往传统计划评估过程相比发生了两个明显的变化。

一是引入作战实验设计，强调对"原因"的设计。它将计划评估中重点要研究的作战要素，例如，不确定性因素、部署、作战协同、作战时序等作为实验因素进行有计划的改变和分析，为评估分析提供明确的研究方向，为因果分析追溯提供准确的源头；由于实验设计技术可以对各种作战要素进行整体设计，因此在实验分析中，不仅可以研究单个作战要素对计划效果的影响，更能够对多种作战要素之间的交互影响关系进行研究，确定多种要素对作战计划的综合影响效果。

二是增加作战实验分析，强调对"结果"的分析。生动直观的可视化分析手段可以清晰地表现数据关系，统计分析和数据挖掘技术能够揭示数据背后隐藏的深刻规律，通过对数据的深入分析可以建立作战要素与计划效果的因果关系，为指挥人员优化作战计划提供科学、定量化的数据支撑。

在信息化作战条件下，作战计划指挥决策的时效性、计划因素的强关联性和作战环境影响的复杂性都对作战计划研究分析手段提出了更高的要求。将作战仿真实验方法引入作战计划评估过程，评估结果将不再仅仅停留于判断计划好不好、行不行的层面，而是能够进一步发现计划存在的问题，找到引起问题的关键要素，建立其与计划任务目标的关联关系，进而为解决问题提供有效的优化建议。基于仿真实验的作战计划评估，其"评估"概念实质上已扩展为包括评估、分析和优化过程的广义"评估"概念。因而本书将传统作战计划仿真实验评估分析研究过程从原有的单一"评估"过程拓展至包含"评估－诊断－优化"的综合评估分析过程。

2.2 方法的特点

作战计划仿真实验评估分析方法，以实验方法为基本依托，针对作战计划评估任务特点，基于任务需求进行整体分析，构建以评估、诊断、优化一体化方法体系为依托的综合分析过程，全流程设计与分析强调突出定性与定量相结合。

2.2.1 以仿真实验方法为基本依托

作战计划仿真实验评估分析方法，以仿真实验方法为基本依托，突出计划要素的先期设计，重视仿真实验结果的数据分析。以先进的仿真实验设计作为主线贯穿、牵引整个计划分析过程。以实际的仿真数据为依据，充分利用实验分析方法从庞杂的仿真数据中整理、提取、凝练、综合与分析数据，将大量的仿真数据转化为有效的信息、切实的规律，转化为计划优化的合理建议，为开展计划分析提供清晰、明了、有效的数据证明。

2.2.2 基于任务需求进行整体分析

作战计划仿真实验评估分析方法针对计划的多指标实验分析问题，基于主、客观两类任务指标需求空间模型开展仿真实验分析，突出计划任务需求的实验评估基线作用，实验指标采用多指标向量的整体处理模式。这种直接以需求空间作为基准进行实验分析，通过实验结果的分布区域与任务指标需求空间进行对照分析来进行计划的评估、诊断与优化的实验分析方法，相较于其他传统实验分析方法，更符合复杂系统整体性、非线性研究的特点。

2.2.3 以评估、诊断、优化方法构建综合分析过程

作战计划仿真实验评估分析方法，借助仿真实验探寻因果关系的手段，将传统计划方案评估手段拓展为评估、诊断、优化过程，改变了传统计划评估主要依靠指挥人员经验查找计划问题的概略分析模式，解决了试证性的计划优化过程存在的盲目性大和效率低下等问题，为指挥人员开展计划研究及实现计划的快速优化提供有效的支撑手段。

2.2.4 突出定性定量相结合

作战计划仿真实验评估分析方法重视定量分析，强调以数据说话。但作战计划分析是科学与艺术的结合体，定量分析只有与专家的知识和经验相结合，经过多专家的深入综合研讨，才能获得最终科学、合理、有效的结论。因而从指标选取、需求空间构建到计划的评估、诊断、优化过程都是基于定性定量相结合的基本方法来完成的。

2.3 结构组成

基于作战计划仿真实验评估分析需求，本书提出"FER – EDO – DCA"计划仿真实验评估分析基本框架。如图 2 – 1 所示，以计划的可行性、有效性和稳健性为不同标准对计划进行评估分析，以评估、诊断、优化构成的渐进式分析方法形成对同一问题的深入分析过程，以实验设计、实验控制、实验分析为过程阶段实施仿真实验。

作战计划仿真实验评估分析方法

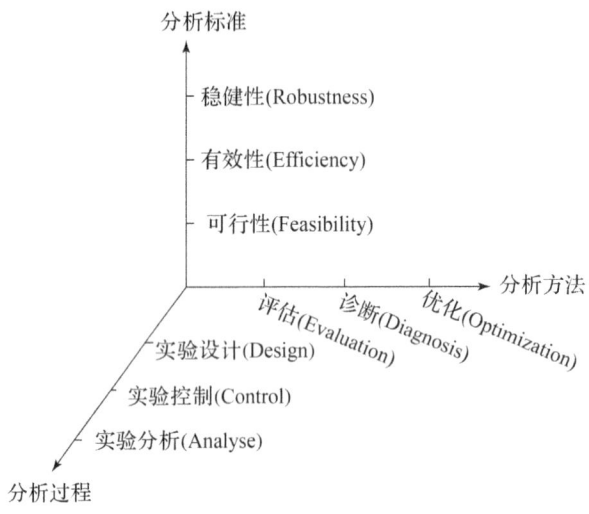

图 2-1　作战计划仿真实验评估分析基本框架

2.3.1　分析标准

（1）可行性（Feasibility）。

可行性，用于衡量计划方案的可执行性。计划的可行性是计划实施过程中，兵力、兵器的作战运用满足空域、时域、数量、性能等方面要求的测度，主要涉及兵力使用与分配、行动线路规划、武器装备使用（数量、性能）、弹药使用（数量、性能）、行动保障、战术协同等方面。

（2）有效性（Efficiency）。

有效性，用于衡量计划方案达成作战目的能力。计划的有效性是实现计划任务目标程度的测度。根据战役计划目标，分析计划执行完成效果是否达到任务要求，达到任务要求付出的代价是否可承受。

（3）稳健性（Robustness）。

稳健性，用于衡量在不确定风险性因素影响下计划方案完成度的稳定性。计划的稳健性是计划应对风险的适应度测度。风险因素主要来自两个方面：一是计划内部要素存在的不确定性引发或导致计划的实施和运行受到阻碍，结果造成计划任务的失败；二是计划执行环境存在的不确定要素发生变化，使计划遭受挫败。其中执行环境也包含计划执行中敌对方对该计划采取了应对措施，结果使得计划执行在竞争中遭遇失败。

2.3.2 分析方法

根据可行性、有效性和稳健性要求可建立计划的综合评价指标体系，进而对计划实施评估分析。然而在现代作战条件下，特别在作战问题研究与作战训练活动中，开展计划分析的目的不再仅限于在有限个方案中找出最佳方案，而是要求能够通过仿真实验方法与技术，对计划进行诊断分析和优化调整，进而在获得作战计划优化方案的同时获得对作战问题的深刻认识。尽管我们可以进行千百次的战争设计，但在未来的真实战争中却不可能完全复现我们设计的战争，因而通过作战仿真实验开展作战计划的分析，分析计划中所蕴含的军事规律，探索其复杂的因果关系才是应对未来战争的有效法宝。分析过程由评估、诊断和优化三类方法支撑。

(1) 评估（Evaluation）。

评估方法，用于判定计划的执行效果，即基于客观实际或主观专家意见而建立的衡量标准来判断计划任务执行的效果。

(2) 诊断（Diagnosis）。

诊断方法，用于判定影响计划执行效果的原因与要素，即通过仿真实验分析方法，获得计划各要素与任务完成效果之间的关联关系，从而分析得出影响计划执行效果的原因。

(3) 优化（Optimization）。

优化方法，用于对计划内容进行调整，即基于诊断信息结论对方案要素进行改变，以获得满意任务效果。

2.3.3 分析过程

无论采用何种分析标准抑或采用何种分析方法，都要基于仿真实验开展。我们将计划仿真实验分析实施过程定义为实验设计、实验控制和实验分析三个阶段实施。

(1) 实验设计（Design）。

实验设计，用以完成计划仿真实验分析中各类实验指标和实验参量的设计，通常包括实验指标体系的建立、实验参量的选取和各类实验模式的设计，例如，因子实验设计、均匀设计、拉丁方设计、中心设计等。

(2) 实验控制（Control）。

实验控制，用以控制仿真实验的运行，例如，仿真的起停与仿真实验次数的控制、实验探索空间的动态控制、并行实验控制等。

（3）实验分析（Analyse）。

实验分析，综合应用统计分析以及数据挖掘分析等传统实验分析方法和基于任务指标向量需求空间的分析方法，支持对计划进行评估、诊断及优化。

文献［61，64-72］对实验设计、控制与分析方法进行了具体而详细的研究。

2.4 方法体系

本书提出以仿真实验评估、诊断、优化方法为主要内容的作战计划仿真实验评估分析方法体系，三类方法支撑完整的作战计划仿真实验评估分析链条，体系化解决"计划行不行？""为什么不行？""怎么调整才能行？"的问题。三类方法既可体系使用，又可单独开展。

2.4.1 仿真实验评估方法

计划的评估是对计划实施分析的起点和基础。因而其结果的准确性，方法的有效性，实施的可行性对计划分析研究具有决定性的作用。目前计划的评估的方法在已有文献研究中主要包括层次分析法、ADC（Availability, Dependability, Capability）分析法、系统效能分析法、模糊综合评估法、灰色白化权函数聚类法、系统动力学评估方法、基于多属性决策的效能评估方法、基于灰色关联理论的效能评估方法、探索性分析方法和基于粗糙熵的效能评估方法等。

然而在当前复杂作战条件下，作战系统的体系性、不确定性突显，现有作战计划评估手段无法有效应对上述变化，计划评估的准确性、有效性面临严峻挑战。任务指标需求空间是由能够影响任务完成的各实验指标向量构成的一个多维空间结构。基于任务指标需求空间的仿真实验评估方法，将传统的多指标多标量处理模式拓展到了多指标向量处理模式，并以构建任务指标需求空间为基础，对计划任务实施整体性研究。同时，为应对计划的不确定性，采用仿真实验探索的方式进行实验设计和实验分析，将微观与宏观，定性和定量很好地结合，有效应对当前计划分析面临的问题。

本书研究基于解析关系、数值黑盒关系和专家主观确定三种方法，构建客观型和主观型两类任务指标需求空间，并基于任务指标需求空间评估分析模型来对作战计划进行仿真实验评估。上述内容将在第 4 章进行深入阐述。

2.4.2 仿真实验诊断方法

仿真实验诊断方法，是基于实验评估结果，针对无法满足任务需求的计划开展进一步深入分析的方法，在计划的仿真实验分析研究中起着承上启下的重要作用。诊断分析的根本目标并不仅限于诊断计划本身存在的问题，更为重要的是通过实验设计和实验数据分析，找到各类实验参量与实验指标之间存在的内在关系，建立准确的关联模型。仿真实验诊断方法是仿真实验方法技术应用于计划评估分析的集中体现，最能够充分发挥作战实验对因果关系的溯源性分析特点，分析结论能够为开展后期的实验优化提供准确的优化方向。

本书提出基于任务指标需求空间的指标分析诊断方法和基于仿真实验推演的动态过程诊断方法，并综合应用统计分析、联机分析处理（Online Analytical Processing，OLAP）与基于 2^k 因子设计的效应分析等常用诊断方法，从不同侧面实现对计划的诊断分析。其中，统计分析是实验分析最基本的分析方法之一，特别是可视化的统计分析图表，可以为计划的诊断分析提供清晰、直观判断；OLAP 通过对大量仿真数据的分析，可以发现隐藏于数据背后的各类参量与实验指标之间的关联关系；基于 2^k 因子设计的效应分析诊断是通过因子主效应和交互效应的计算，来获得各类实验参量与计划任务特性指标之间的准确关联关系，是最基础、最常用、最有效的实验分析方法之一；基于任务指标需求空间的指标分析诊断是在计划评估有效性分析的基础上，通过对指标的扰动实验，快速建立任务特性指标与任务完成度之间关联关系的方法。通过对上述诊断方法的综合应用，可以较为准确地得出"实验参量 – 任务特性指标 – 任务完成度关联模型"，为计划优化提供定性或定量的优化决策信息。上述内容将在第 5 章进行研究分析。

2.4.3 仿真实验优化方法

仿真实验优化是计划分析的最终目标。最优化是个古老而悠久的问题，在茨木俊秀的《最优化方法》① 一书中指出："最优化问题一般是指在某种状态下做出最好的决策，或者从几个候选决策中选出最优的决策。"[73] 在 20 世纪 60 年代之后，随着研究问题规模的增大，复杂度的不断提高，优化研究计算

---

① 茨木俊秀，福岛雅夫. 最优化方法 [M]. 北京：世界图书出版社，1997.

量呈现指数方式增长,求解实际问题研究不再一味强调获得最优解。基于直观或经验构造算法,在可接受的时间、资源限制条件下给出问题的一个优化解或可行解的启发式优化算法应运而生[73]。传统的最优化算法包括微积分中对极值问题的研究、拉格朗日乘数法、函数值最速下降算法、线性规划问题的计算方法等,而神经网络、模拟退火算法、蚁群算法、多阶段分析博弈评估算法等启发式优化算法近年来在计划优化分析中得到一定应用。

本书以实验方法为基础,研究以正交抽样设计为代表的抽样实验优化方法、提出基于任务指标需求空间的指标关联模型优化方法。上述内容将在第6章进行详细阐述。

2.5 应用模式

从对作战计划评估分析的需求出发,可将作战计划评估分析类型做进一步细分,而针对作战计划分析的需求,可灵活地基于作战计划仿真实验评估分析方法体系框架,搭建出多种分析模式。

2.5.1 应用分类

不同类型作战计划,其关注的要素和使用的作战手段不同,因此对其实施评估分析的具体内容也存在较大差异,但从最后达成的目的和对指挥员和军事问题研究的支持上来看,主要分析任务的类型可分为作战效能性评估分析、计划优选性评估分析、计划求解性评估分析和计划优化性评估分析等几类。

2.5.1.1 作战效能性评估分析

作战效能性评估分析是指对提交的一套或多套作战计划达成的作战效能进行评估分析,通常以明确的作战任务要求作为评估分析指标。以空对地作战行动计划为例,可以将对敌突击目标的毁伤要求作为评估分析的指标。

2.5.1.2 计划优选性评估分析

计划优选性评估分析是指对提出的多套计划进行对比性评估分析,通常根据评估分析的偏好建立评估分析指标体系。评估分析指标可以是单项指标,也可以是多项指标。一般要对作战计划进行评估分析排序,最终选出最优计划。

2.5.1.3 计划求解性评估分析

计划求解性评估分析是在效能性评估分析的基础上,对满足任务要求的计划需求空间进行求解，即获取满足任务要求的计划可行解集合，从而在最大程度上为指挥员作战决策提供更为广阔的视野和智力支持。

2.5.1.4 计划优化性评估分析

计划优化性评估分析在四项评估分析任务中难度最大，它通过探寻作战计划空间和任务指标需求空间之间的内在联系和规律，从而使计划优化从无目的、穷举性的活动向可控的、方向明确的优化过程转化成为可能，提高了优化的效率和可信性。

从近年来的作战计划评估分析任务来看，求解性评估分析和优化性评估分析研究需求有明显增加的趋势，尤其是在重大军事问题和作战概念的探索性研究中，对后两种作战计划评估分析的需求就更加明显。

2.5.2 分析模式

根据作战计划分析的需求不同，作战计划仿真实验评估分析体系可以灵活地构建多种分析模式。常用分析模式可分为串行分析模式和并行分析模式。

2.5.2.1 串行分析模式

作战计划的串行分析模式，是以计划全面分析优化为目标的分析模式。它包含两个层面的串行分析过程，如图 2-2 所示，一是依次对计划的可行性、有效性和稳健性进行评估分析，二是依次对计划进行评估、诊断和优化。其分析过程包括以下步骤。

第一步：计划的可行性分析。

计划的可行性分析分实验设计、实验控制和实验分析三个步骤展开。在实验分析步骤中，需要完成对计划的可行性评估、诊断和优化分析。如果计划经过评估，不符合可行性评估要求，或者有进一步优化的需求，则会转入计划可行性的诊断与优化阶段。根据得出的诊断结论和优化建议，可进行计划的修改。对修改完成后的计划可重新进行仿真实验推演。经过反复地评估、诊断、优化、修改过程，直至计划的可行性满足计划要求，即可进入下一个分析环节。

第二步：计划的有效性分析。

在完成计划的可行性分析后，需要对计划的有效性进行分析。其开展步骤同计划的可行性分析具有共性，都是在实验设计与实验仿真推演的基础上依据实验数据对计划进行评估、诊断和优化，直至获得满意的有效性分析结果。但

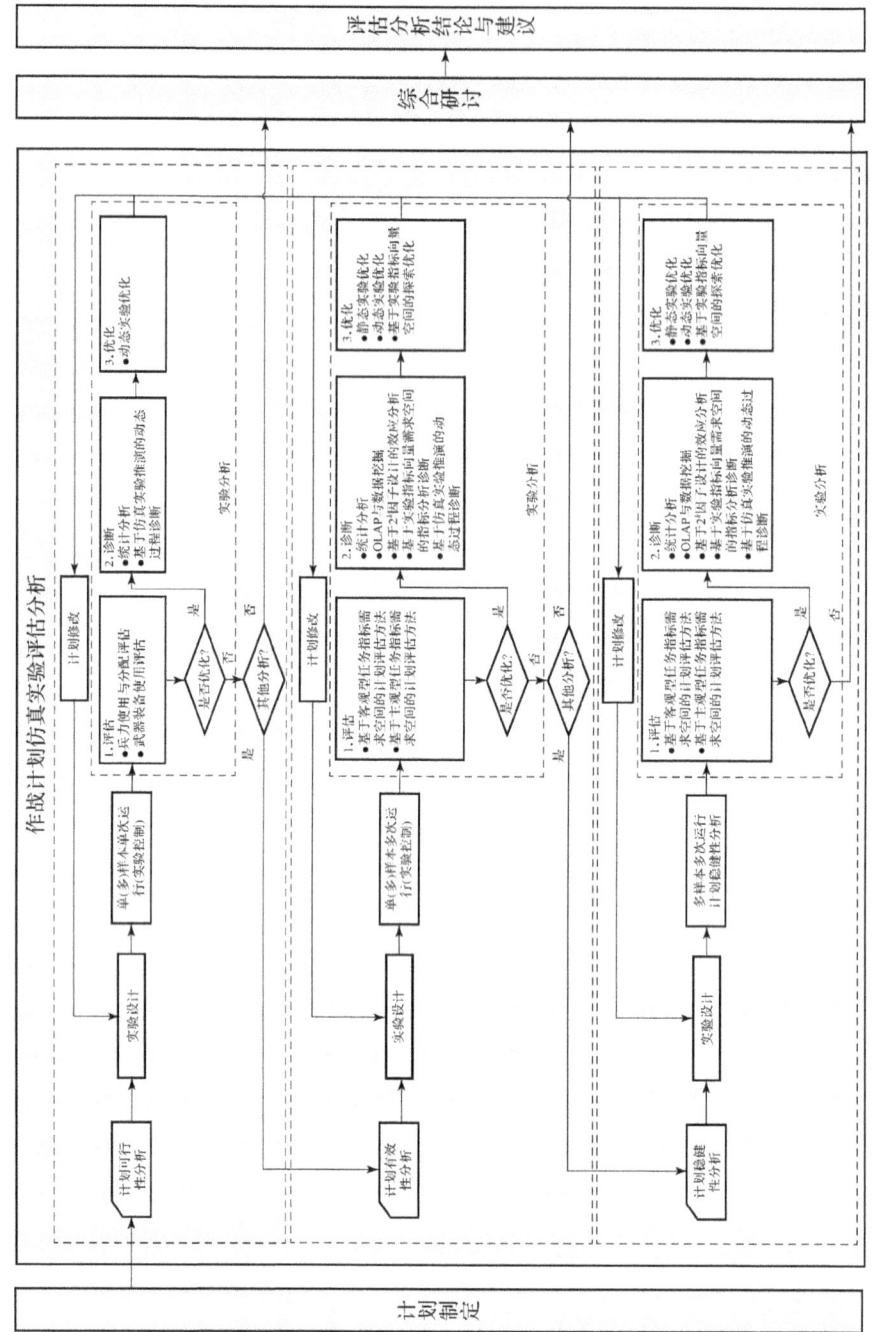

图 2-2 作战计划仿真实验评估分析框架的串行分析应用模式

计划的有效性相较于计划的可行性分析来讲，由于需求的不确定性，分析难度更大。

第三步：计划的稳健性分析。

在完成计划的有效性分析后，对计划的稳健性进行分析。从其方法上来讲，与计划的有效性分析方法相近，但在实验设计参量因子的选取上，同时考虑风险性因子和计划实施要素因子。通过计划的评估、诊断和优化，获得最终满足计划稳健性要求的计划。

2.5.2.2 并行分析模式

作战计划的并行分析模式，是计划的优选性分析模式。如图2-3所示，并行分析模式的特点是对计划进行整体设计，同时对计划的可行性、有效性和稳健性进行评估分析。其分析过程包括以下步骤。

第一步：根据计划分析目标，结合计划可行性、有效性和稳健性评估分析的标准，对实验进行整体设计。

第二步：根据仿真实验设计进行仿真推演。

第三步：基于仿真实验数据进行评估分析。

第四步：计划的优选。优选的原则是根据分析需求，在满足可行性要求的前提下，从满足有效性指标的计划中挑选稳健性最好的计划作为最优计划。如果不能获得满意的计划，则可应用串行分析模式对计划进行全面优化，或针对计划问题进行计划的可行性、有效性和稳健性等单项优化。

作战计划的仿真实验分析过程可以根据计划分析的需求进行剪裁，例如，只进行计划的可行性、有效性或稳健性单项评估分析，或只进行计划的评估、诊断或优化单项方法分析。在不同的应用模式下，可以综合使用方法体系中的方法，也可以选用其中的一种或几种方法，再根据分析任务的需求进行合理设计和恰当选择。同时还需指出的是，开展作战计划仿真实验评估分析，其分析结论还要通过军事专家的综合研讨进行分析和确认才能作为最终计划分析结论与优化建议进行提交。

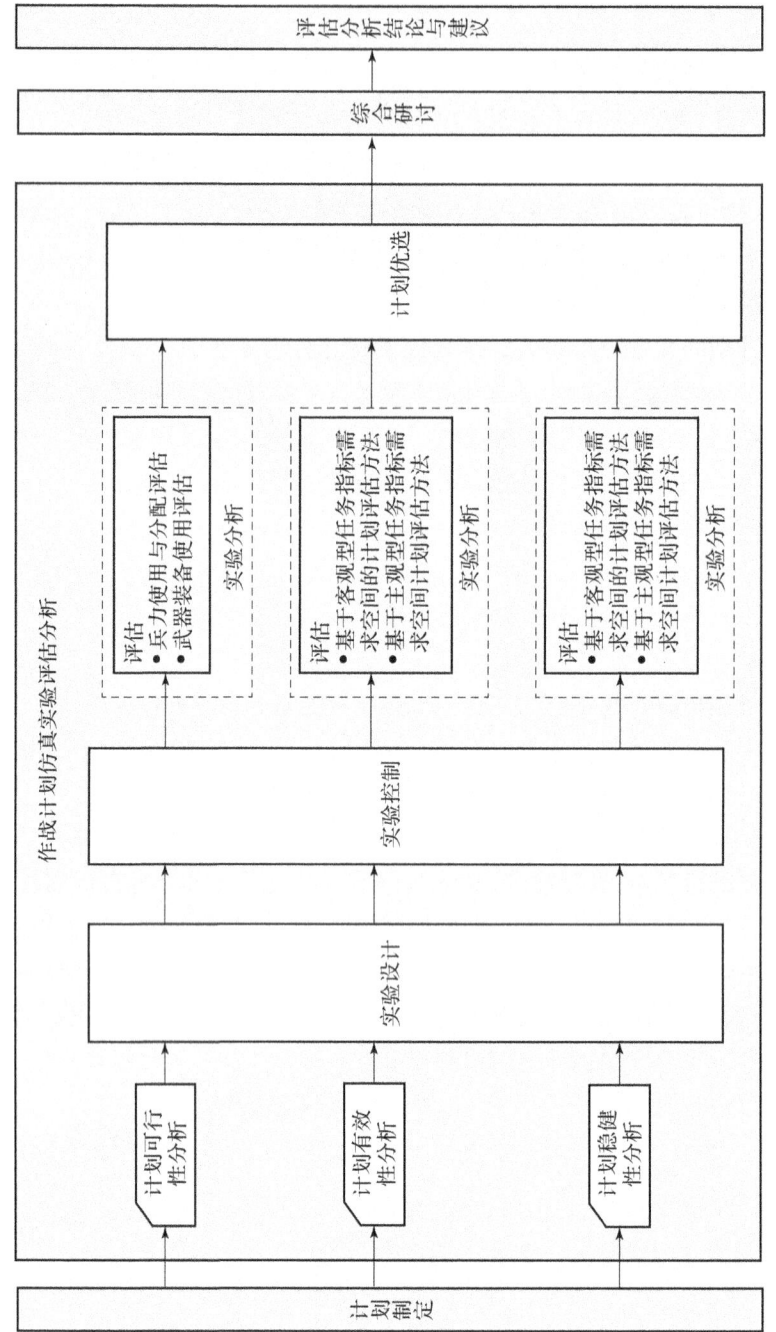

图 2-3　作战计划仿真实验评估分析框架的串行分析应用模式

第 3 章

作战计划仿真实验设计方法

作战仿真实验是一种从整体上对各种不确定性因素所造成的结果进行研究和分析的方法。作战实验设计是作战实验的核心步骤，其设计思想贯穿并指导整个实验分析过程。良好的实验设计非常重要，原因在于从实验得出的结果及其结论在很大程度上取决于数据的采集方式，而数据的采集模式源于实验设计。我们通常强调"无设计，不实验"，只有进行充分的实验设计，才有可能最终有效达成实验目标。作战计划仿真实验设计方法是科学实验设计方法在作战计划评估领域的拓展性应用，具有鲜明的专业特色。

3.1 实验设计步骤

通常实验设计过程包括：明确实验问题、选择实验指标、确定实验因素及其水平和实验点组合设计四个步骤，最终形成实验设计方案，如图 3–1 所示。

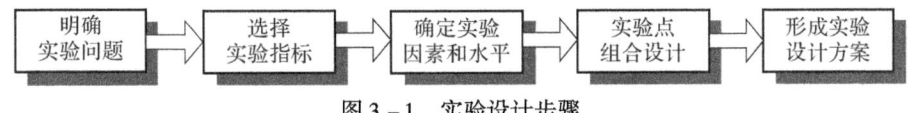

图 3–1 实验设计步骤

一是明确实验问题。实验研究总是以提出问题开始。实验问题规定着实验研究的内容、方向、途径、方法和手段，决定着实验研究的结果与价值，也可称为实验任务。实验问题的提出环节，是作战计划仿真实验设计中难度最大的一环，需要全面理解作战计划背景、综合考虑计划任务的目标以及决策者需求和意图，进而聚焦提炼出实验问题，并开展相应想定方案设计。作战计划仿真实验评估分析的结果应能够为指挥员定下最终决心提供支撑性分析结果，因而实验问题通常涉及作战效益、付出代价、风险度、应变性等方面，有时还需考虑同时解决多个实验问题。

二是选择实验指标。实验指标是根据实验问题而选定的用来考察或衡量实

作战计划仿真实验评估分析方法

验效果的特性值，也称响应变量。实验结论都是从这个实验指标所提供的数据信息中分析推导而来，因此实验指标选择的准确性直接影响到实验的成败。在作战计划仿真实验评估分析中，为满足实验分析的要求，我们要根据作战计划目标，结合要回答的实验问题，综合考虑其他限制因素（作战要求、兵力）来选取或设计合适的实验指标。作战计划仿真实验评估分析的实验设计中，实验指标通常包括计划任务指标和任务特性指标，为了对计划进行全面深入的分析，有时还需要设计和选取合理的过程指标。任务指标又可进一步划分为任务综合指标与子任务指标。

三是确定实验因素及其水平。实验因素，也称实验因子，是指实验中可控的输入变量，它取值水平的变化可以影响实验指标的变化。而实验因素的取值水平我们称为因素（因子）水平。实验的特征就在于控制实验因素的变化，通过分析实验因素水平变化与实验指标变化关系获得二者之间的定量关系。在作战计划仿真实验评估分析过程中实验因素的设计有两种思路，一种是求证性实验因素设计，即有明确的实验研究范围，可以从有限个研究因素中选取实验因素及其水平进行实验研究；另一种是探索性实验因素设计，即需要对众多能够影响实验指标的实验因素进行甄别、判断和分析，最后选择最为重要的实验因素进行实验分析。两种设计的侧重点不同，前者类似命题研究，聚焦性地通过实验，研究特定因素对作战效果的影响；后者具有探索性实验的特征，通过实验指标筛选技术或军事领域专家的研讨分析确定对作战具有影响的重要因素，进而探索相关要素与实验指标之间的各种影响关系及规律。在作战计划仿真实验评估分析中，我们将实验因素统称为实验参量。

四是实验点组合设计。多因素的不同取值可以构成不同的组合，这就是我们所说的实验点。实验点的组合设计有很多种方法。在实验中，可根据不同的实验要求，灵活选取不同方法。

实验指标体系的建立与实验因素的选择是作战计划仿真实验评估分析的关键环节。本章主要对实验指标的确定方法和实验因素的选择方法进行研究。实验问题的提出，是近年来作战实验研究的一个难点与热点问题，需在准确开展军事问题定义、结构化描述的基础上，逐步细化、反复考量，对想定背景、战场环境、战场环境、参战兵力、作战事件等问题逐一细化，进而确定作战实验内容，明确作战实验的边界条件。本书着力围绕任务指标需求开展作战计划评估分析，实验问题确定的具体方法步骤可参见文献[9]等。实验点组合设计方法根据实验内容和要求，以及实验分析方法的不同，可以选择全因子实验设计、正交实验设计、均匀实验设计、拉丁方实验设计、中心组实验设计等经典实验方法，具体技术方法参见文献［66-72］。本书在实验设计中采用上述方法，但对上述方法不做深入介绍。

3.2 实验指标体系构建

在仿真实验中，根据实验目的而选定的用来考察或衡量实验效果的特性值称为实验指标，也称为衡量指标、因变量等。所有实验指标的集合我们称为实验指标体系，亦称实验指标空间。实验指标的选取，在整个实验中具有特别重要的地位，其选择的准确性直接影响到实验的成败。

3.2.1 构建原则

在作战计划的仿真实验分析中，计划的分析问题主要表现为计划效能的综合评估以及在评估基础上的计划诊断和优化问题。评估问题是计划仿真实验分析问题的基础。指标体系的确定会影响到计划评估的合理性，指标体系的规模及具体指标的选择还会影响到评估过程的复杂性。科学、合理地建立指标体系在作战计划的仿真实验分析中至关重要。其构建应遵循以下原则。

3.2.1.1 完备性原则

完备性原则要求指标体系中的各项指标能够较为全面地反映计划被评估的内容。其完备性是在服务于评估内容的基础上的要求。美军1999年颁布《通用联合作战任务清单》，各军种也相继发布军种的作战任务清单。作战任务清单的建立不仅建立了完整的作战任务框架体系，将任务进行逐级分解，还明确了每级每项任务的衡量尺度与标准。执行任务的衡量尺度与标准结合在一起构成指标，即规定部队在执行任务时必须达到的水平。这些指标，在相应的条件下，可作为计划制定、实施及评估的依据，可以有效地确保计划评估指标的完备性。目前，我军实验指标的建立通常是通过决策者、军事领域专家和计划评估分析人员的综合研讨建立。

3.2.1.2 客观性原则

客观性原则要求所选的实验指标是客观存在的，是可以通过仿真实验获得或通过对仿真实验数据的综合获得。选择仿真实验能够获得的定量指标数据，可以减少求解问题的复杂性，提高决策的科学性，降低主观随意性。《恐怖的海峡》对美军在台湾海峡的政策选择进行评估，研究中选用红蓝双方的战损交换率，即红方被击落的飞机数与蓝方损失的飞机数之比，作为衡量制空权的指标，并据此对美军的政策策略提出建议。

3.2.1.3 层次性原则

层次性原则要求分层建立指标体系中的各项指标。鉴于作战计划的复杂性，一般采用分层的策略建立实验指标体系。通常首先把计划评估的任务分解为子任务，再对每一个子任务根据影响关系，继续分解为对子任务完成具有影响的各任务特性指标，一直分解至可以通过仿真实验获得的明确度量指标为止。

3.2.1.4 灵敏性原则

灵敏性原则要求仿真实验指标在实验参量发生变化时能够较为明显地发生变化而被观察和测量到。灵敏性分析是开展作战计划分析的主要方法之一，确保指标的灵敏性，才能够在改变实验因素的条件下，准确地找到实验因素与实验指标之间的关联关系，进而为计划的评估、诊断和优化提供数据分析基础。

3.2.1.5 最简性原则

最简性原则要求在能够满足作战计划评估分析要求的情况下，应尽量突出以需求带动研究问题，以较少的、独立的关键指标来开展评估分析。最简性原则通过控制指标数量和指标的独立性来控制计划仿真实验分析的规模、复杂程度，避免因分析得过分复杂而无法获得准确定量的分析结果。

在构建实验指标体系过程中，应综合根据上述原则进行构建，并注意处理好各个原则之间的关系，特别是完备性原则和最简性原则，确保指标体系建立得准确、有效。

3.2.2 实现方法

在作战计划仿真实验评估分析研究中，实验指标体系的构建包含两个方面的工作。一是要确定指标体系应涵盖哪些具体指标，并为每个指标建立评价度量标准；二是要确定各个指标之间的关联关系或映射关系，为实验指标取值的聚合打下基础。指标体系一般按照自顶向下逐层分解确定指标体系组成要素，由底至上关联聚合建立不同指标层之间映射关系的方法进行构建。

3.2.2.1 自顶向下逐层分解

作战计划仿真实验评估分析指标体系中通常包含综合评估指标、单项评估

第 3 章　作战计划仿真实验设计方法

指标、实验特性指标三类指标。综合评估指标用于评估计划的综合效果，通常需要根据实验目的、战役任务、指挥人员的价值偏好、资源的限制（兵力、武器）、作战要求等因素来设计实验的综合评估指标，主要从效益、付出代价、风险度和应变性等方面考虑，有时要同时考虑多项要求。在作战计划仿真实验评估分析实验中通常我们以完成任务的综合测度作为综合评估指标；实验综合指标由实验单项指标综合而成，在作战计划的仿真实验分析中，实验单项指标主要表现为子任务完成度指标；实验特性指标是指能够通过仿真实验获取，用于描述实验单项评估指标的定量特性指标。在作战计划仿真实验评估分析中，实验特性指标是指对完成任务（子任务）具有影响的特性描述因素，也称其为任务特性指标。上述描述关系如图 3-2 所示。在计划仿真实验分析研究中，根据实验分析需求，还可引入过程指标支持对计划进行深入全面分析。实验变量通常选取实验研究中要探索的要素，一般包括：兵力、能力、策略、环境等方面的要素。

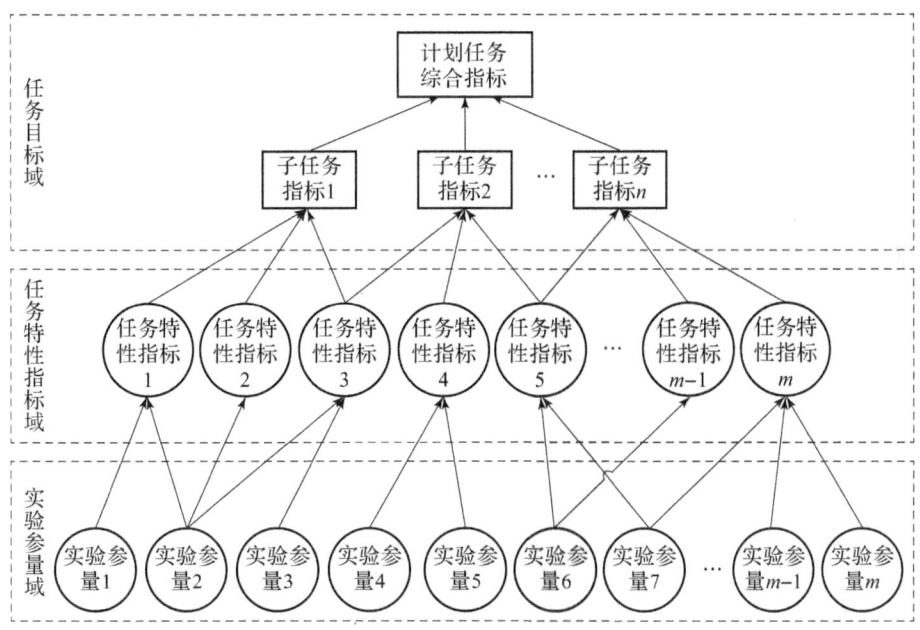

图 3-2　评估实验指标体系的构建

例如，以夺取制空权为目标的空中进攻作战计划，如图 3-3 所示，可选择夺取制空权综合任务完成度作为综合评估指标。以夺取制空权为目标的空中进攻作战计划，作战任务的目标是摧毁、削弱、压制敌方空中力量及对空作力量，取得空间、时间、程度上的空中斗争的优势。因而其子任务目标可进一步细化为对敌方空中力量以及敌方对空作战力量的作战效果；描述对敌方空中力量的摧毁、削弱和压制效果，可通过敌方空战飞机损失数量、敌方机场出动能力压制效果等进行描述，对敌方对空作战力量的作战效果可用对敌地面防空作战力量的打击效果、对敌雷达预警探测效果的压制效果等来描述，同时还可考虑，对敌电子干扰效果、对敌指挥控制系统压制效果和对敌装备保障系统压制效果等因素。指标分解建立过程应在综合考虑计划研究分析需求，计划任务目标的基础上遵循3.2.1节所提出指标构建原则进行。

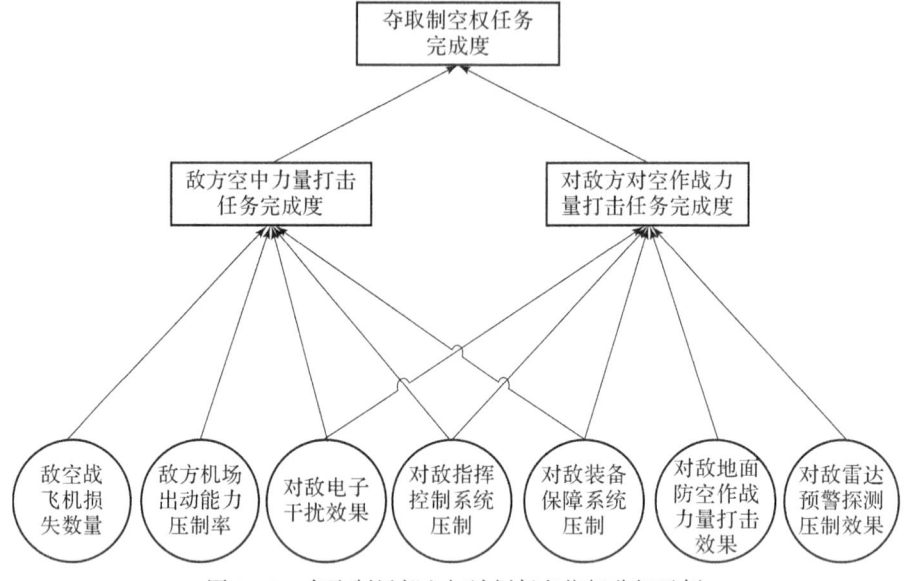

图3-3 夺取制局部空权计划任务指标分解示例

3.2.2.2 由底至上关联聚合

作战计划仿真实验评估分析通过对作战计划目标进行适当的分解，在适当的层次上通过对计划整体目标的研究，分析构建全面、系统的实验指标，并为每个指标建立评价度量标准。同时实验指标体系的建立还有一项重要的任务便是由底至上建立不同指标层之间的映射聚合关系，为实现仿真实验的定量化研究提供前提基础。

1）子任务目标到任务目标的聚合

在对作战计划进行仿真实验分析研究中，通常选用计划总任务或子任务的完成度作为计划的评估指标。完成度是一种概率指标，当任务目标完成程度用概率形式表示时,总任务完成的概率可以用各子任务完成效果来集结解算生成。通过分析,作战计划中总任务与子任务结构可分为"与""或""与－或""或－与"等关系,针对不同的结构形式,我们研究子任务目标到任务目标之间的聚合计算方法。

(1)任务"与"关系。

任务"与"关系是指各子任务都完成,总任务才能完成,如图3－4所示。例如,对于争夺制空权这一总目标,只有我方损失任务目标小于某一个值,敌方损失任务目标大于某一值同时实现时,才满足夺取制空权任务要求。

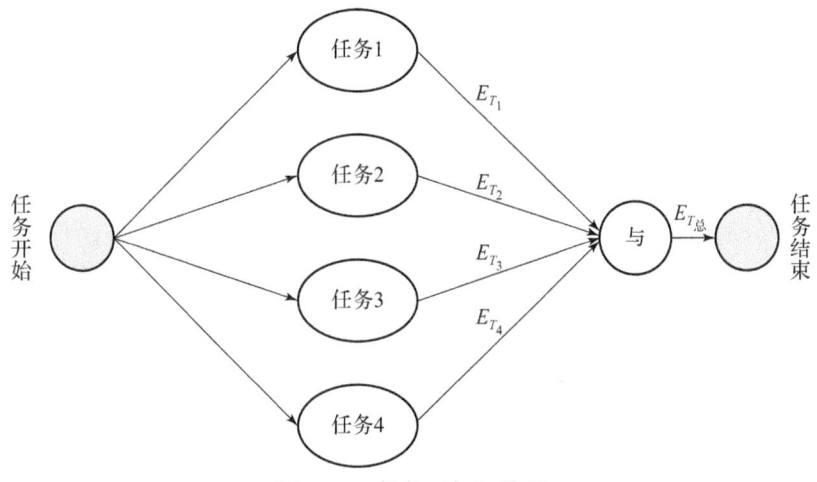

图3－4 任务"与"关系

设有 N 项子任务与总任务是"与"关系时,则任务的综合完成效果为

$$E_{T_总} = \prod_{i=1}^{N} E_{T_i} \quad (3.1)$$

式中:$E_{T_总}$ 为总任务完成概率;E_{T_i} 为各子任务完成概率;N 为子任务的数量。

(2)任务"或"关系。

任务"或"关系是指只要子任务有一个完成,总任务就能完成,如图3－5所示。例如,对敌防空火力单元的打击任务中对制导雷达、导弹发射车、阵地等子目标同时进行打击,只要某一个目标功能丧失,则敌防空火力单元功能就会丧失,从而达成任务要求。

设有 N 项子任务与总任务为"或"关系,则任务的综合完成概率为

$$E_{T_总} = 1 - \prod_{i=1}^{N}(1 - E_{T_i}) \quad (3.2)$$

式中:$E_{T_总}$ 为总任务完成概率;E_{T_i} 为各子任务完成概率;N 为子任务的数量。

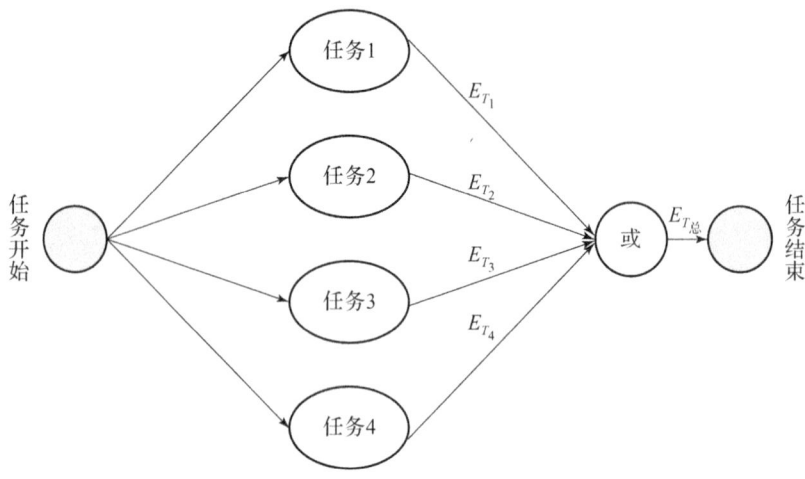

图 3-5 任务"或"关系

(3) 任务"与-或"关系。

任务"与-或"关系是指具有"与"任务关系的多项子任务进行聚合后，作为总任务的分支与其他子任务进行"或"任务聚合，如图 3-6 所示。

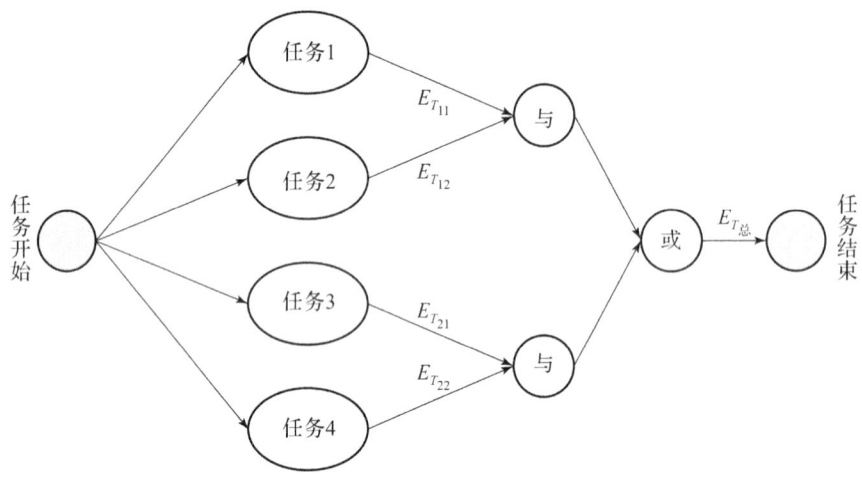

图 3-6 任务"与-或"关系

设有 K 项子任务为"与"关系，M 项子任务为"或"关系，则任务的综合完成概率为

$$E_{T_{总}} = 1 - \prod_{i=1}^{M}\left(1 - \prod_{j=1}^{K} E_{T_{ij}}\right) \quad (3.3)$$

式中：$E_{T_{总}}$ 为总任务完成概率；$E_{T_{ij}}$ 为各子任务完成概率；K 为每个或关系任务分支中"与"关系子任务的数量；M 为"或"关系任务分支的数量。

(4) 任务"或–与"任务关系。

任务"或–与"关系是指具有"或"任务关系的多项子任务进行聚合后，作为总任务的分支与其他子任务进行"与"任务聚合，如图 3-7 所示。

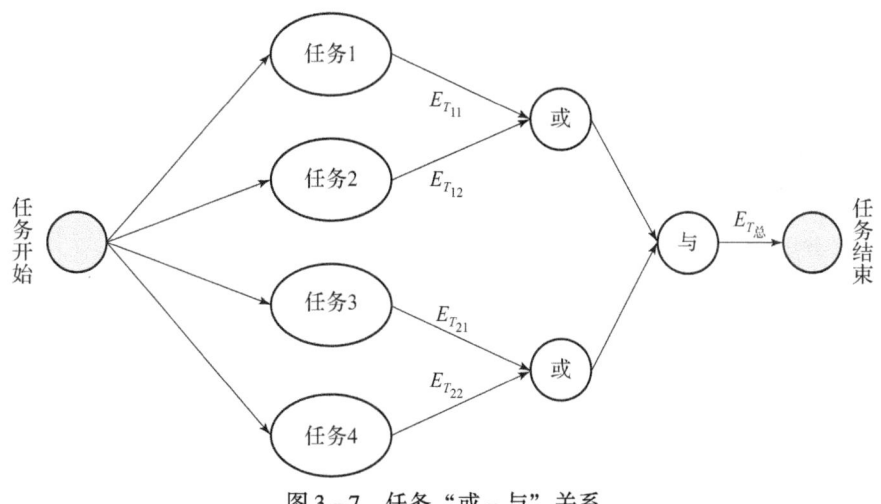

图 3-7 任务"或–与"关系

设有 K 项子任务为"或"关系，M 项子任务为"与"关系，则任务的综合完成概率为

$$E_{T_{总}} = \prod_{i=1}^{M}\left[1 - \prod_{j=1}^{K}(1 - E_{T_{ij}})\right] \quad (3.4)$$

式中：$E_{T_{总}}$ 为总任务完成概率；$E_{T_{ij}}$ 为各子任务完成概率；K 为每个与关系任务分支中"或"关系子任务的数量；M 为"与"任务关系分支的数量。

2) 任务特性指标到子任务指标的聚合

任务特性指标到子任务指标的聚合过程，也可以采用上述子任务目标到任务目标的聚合方法。然而，由于作战计划的复杂性、非线性等特征，本书提出基于任务指标需求空间的指标聚合方法。即将影响各子任务目标的实验指标合成一个向量，通过与任务指标需求空间的比较分析，判定任务完成效果。具体方法将在第 4 章进行深入阐述。

3.2.3 作战计划仿真实验评估分析常用指标

作战计划仿真实验评估分析如 2.2.1 节所述，主要包括可行性分析、有效性分析和稳健性分析三类指标，在具体作战计划仿真实验评估分析中，根据实验问题选取相应指标集，本节下述做示例性描述。

3.2.3.1 可行性分析常用指标

计划的可行性是计划实施过程中，兵力、兵器的作战运用满足空域、时域、数量、性能等方面要求的测度。评估分析过程重点涉及兵力使用与分配、线路规划、武器装备使用（数量、性能）、弹药使用（数量、性能）、行动保障、战术协同等方面。作战计划方案实验方案可行性评估分析指标主要包括时间、空间、兵力使用和装备性能四个方面。

1）时间性指标

主要分析各类行动的时间性任务设计是否可行，例如，在空中作战行动中各类任务的起飞时刻、会合时刻、巡逻时间、突击时刻、降落时刻等是否可行，突击时刻是否能够按时到达，会合时间是否能够保证，起飞和降落时间是否存在冲突，巡逻时间能否得到保障等。

2）空间性指标

主要分析各类任务行动在空间性任务设置是否可行，例如，地面作战中机动路线选择是否可行，空中作战行动中各类航空兵兵力的飞行高度与航程是否合理，航线是否存在冲突，各类任务区域范围区域能否满足要求等。

3）兵力使用指标

主要分析各类任务行动中涉及的兵力运用是否可行，例如，在空中作战行动中各类任务兵力数量是否恰当，各个阶段各型飞机日出动量、总出动量是否超出出动能力，弹药能否有保证，频谱分配是否合理等。

4）装备性能指标

主要分析各类任务行动中装备运用是否符合装备性能要求，例如，在空中作战行动中目标选择是否合理，弹药对预定目标是否有效，兵力机型作战效能是否可靠，弹药挂载是否满足要求等。

3.2.3.2 有效性分析常用指标

计划的有效性是计划目标完成情况的测度。根据作战计划目标，分析计划执行完成效果是否达到任务要求、达到任务要求付出的代价是否可承受。其具体指标的选择和确定与评估的作战计划类型密切相关。通常可从作战计划的综合评估指标、作战任务效果指标和兵力运用指标开展设计。

1）作战计划综合评估指标

作战计划方案综合评估指标从对敌方目标的打击效果和我方各类作战装备战损与武器弹药的消耗等方面进行分析评估，具体包括以下方面。

（1）敌方目标的打击效果指标，包括各类目标毁伤程度的标度值、敌方各类抗击和制压作战武器系统的损失数量等。

（2）我方各类战损指标，包括我方各类作战装备的损失数量、我方保卫目标损毁情况等。

（3）武器弹药的消耗，包括我方各类武器弹药的消耗数量、敌方各类武器弹药的消耗数量等。

2）作战任务效果指标

作战任务效果指标从目标毁伤效果、敌作战能力下降程度等方面进行分析评估，常用指标如下。

（1）目标毁伤效果指标，包括遭袭的弹药数量、各目标命中弹数量、各类目标的毁伤程度等。

（2）敌作战能力下降程度指标，包括敌抗击能力范围减少比、敌可发射的架数和弹数的下降值等。

3）兵力使用指标

兵力使用指标从任务时序的合理性、承担任务的饱和度和作战效率等方面进行分析评估，具体包括以下方面。

（1）任务时序的合理性指标，包括任务顺序合理程度、任务时机合理程度等。

（2）承担任务的饱和度指标，包括出动数量、出动能力等。

（3）作战效率指标，包括战损比、效费比等。

3.2.3.3 稳健性分析常用指标

计划的稳健性是计划应对风险的适应度测度。战争是不确定性的王国，其存在往往带来巨大的作战风险。通过对不确定性风险因素的实验分析与评估，能够将不确定性突显出来，使决策者充分了解战争对自己不利的一面，进而提出优化方案，减小甚至规避风险，提高计划的稳健性，使计划在较大跨度的不确定性作战环境中，仍能保持较好的执行结果。

计划的有效性评估和稳健性评估都是基于计划任务的完成度完成，因而稳健性指标体系与有效性指标的内容具有通用性，但在实验参量的选取上具有较大的差别。

3.3 作战计划仿真实验参量空间构建

实验参量空间是由仿真实验所关注因素构成的实验输入因素的有序集合，包括定性参量和定量参量两类实验参量。本节对作战计划涉及的主要参量空间进行分类，构建策略参量空间、能力参量空间、环境参量空间和规则参量空间四类实验参量空间。还需指出的是，本节所提出的实验参量只是初步的，可以为开展作战计划仿真实验评估分析的实验设计提供设计思路，但在具体实施过程中，应在充分研究与分析实验问题的基础上，结合各类作战或技术性能限制与要求，通过军事专家的参与，对参量空间因素进行合理地选取与设计。

3.3.1 策略参量空间

策略参量空间是指挥人员运用已有的作战能力去完成指定作战目标而涉及的一系列战法及兵力使用方案的集合，可用于探索作战计划中各种策略对作战结果的影响关系，以全面把握各种策略的优劣及其适用条件。策略参量空间主要包含打击目标参量、作战时空参量、作战力量编组参量、作战力量部署参量和作战行动实施参量五类。策略空间是指挥员指挥艺术的集中体现，是指挥人员优化计划的主要因素，在实验中通常以不同计划为载体进行整体设计。

3.3.1.1 打击目标参量

打击目标参量主要包含打击目标的选择、目标属性（防护、影响）、毁伤要求等。

打击目标的选择是一个极其复杂的问题，它不仅与作战目标密切相关，同时随着战争形式的不断变化，其理论也不断推陈出新。在本书研究的作战计划仿真实验评估分析实验中，不涉及根据作战目标来选定具体打击目标的过程，而是通过对计划中提出目标的打击效果进行分析，来调整和优化作战计划中对打击目标的兵力分配使用或探索不同打击目标效果对后续作战计划实施的影响。因此在实验因素及其水平选取时主要涉及目标初始状态的选择及其目标毁伤要求的选择。

目标参量的实验描述内容一般应包括：目标名称、目标类型、目标结构、目标价值（1：核心；2：重要；3：一般）、目标防护能力、目标状态（1：完好；2：轻度毁伤；3：重度毁伤）、目标毁伤要求（1：损伤；2：破坏；3：摧毁）等内容。

3.3.1.2 作战时空参量

作战时空是敌我双方作战力量展开部署和实施行动的依托，是作战行动赖以发生与存在的基本条件，也是谋略运用的主要方面[75]。作战时间的把握和利用，主要体现在作战时机和作战持续时间上[76]；作战时机在作战计划中表现为时刻或作战态势，具有时间点含义，如作战行动的起止时间、对具体目标的打击时间、各种作战行动在时间上的衔接时间等；作战持续时间是指作战延续的时间，具有时间长度的含义，如作战阶段的持续时间等；另外作战行动的衔接、作战波次的设计也是作战时空参量需要重点考虑的要素。作战空间上主要需考虑各类作战方向的设置等内容。

作战时空参量的实验描述内容通常包括：作战发起时间、作战持续时间、作战行动衔接时间、打击波次、主要作战方向、次要作战方向和佯动作战方向等内容。

3.3.1.3 作战力量编组参量

作战力量对作战胜负起着至关重要的作用，作战力量的使用方法是战法的主要体现。在实验设计中，通常应根据作战目的对相应作战力量进行综合运用。

作战力量编组参量的实验描述内容通常包括：作战力量组成类型、组成数量等内容。

3.3.1.4 作战力量配置参量

作战力量配置是指根据作战任务、敌情以及战场环境等，将完成编组的作战兵力兵器部署到指定位置，从而形成有利初始作战态势的活动。

作战力量配置参量的实验描述内容通常包括：作战力量类型、配置地域、配置数量、作战力量使用方法等内容。

3.3.1.5 战法参量

战法是作战行动组织实施的方法，战法的运用将贯穿于作战的始终。作战胜利的最终取得要通过作战兵力实施一系列的作战行动来实现，而作战行动是战法中最具涌现性、复杂性的要素。该参量通常可采用定性的属性描述作为实验点的选取来进行后期的实验分析，但在计划仿真实验推演中其战法实际通过计划各要素来综合实现。

战法参量的实验描述内容一般包括：战法名称、应用阶段等内容。

3.3.2 能力参量空间[①]

能力参量是作战兵力潜在作战能力的综合描述。在仿真实验中通常取自于人与武器装备所组成作战实体的属性取值或性能取值。通过参量的水平变化可以探索该实体能力的变化与最终作战目标的关系。能力参量主要包含作战兵力参量、武器装备参量、信息作战能力参量和人员素质参量四类。

3.3.2.1 作战兵力参量

在作战行动中，通过选择不同的作战兵力类型，能够编成不同的参战兵力兵器组合，通过选择不同的作战兵力数量，可构成不同的兵力规模，从而形成不同的作战能力。作战兵力类型是一个定性属性描述因素，兵力数量是有一定的取值范围约束的定量因素。另外，作战中的部队出动能力，也是作战兵力参量设计时应考虑的因素。

作战兵力参量的实验描述内容通常包括：兵力类型、兵力数量、出动能力、持续出动次数等内容。

3.3.2.2 武器装备参量

武器装备参量描述武器装备战术技术性能参数及武器装备数量。作战计划涉及的武器装备种类多样、型号复杂、性能各异，可根据研究目标的具体需求，选取相关性能参数值，以主要装备的主要战术技术性能设计为基础。性能参数的描述既有定性的，如飞机的挂载方案、雷达的探测体制等就是定性属性；也有定量的，如飞机的雷达反射面积、机动速度等就是定量属性。

武器装备参量的实验描述主要包括：武器装备名称、战术性能、技术性能、作战效能、挂载方案等内容。

3.3.2.3 信息作战能力参量

信息作战，通常先于其他作战行动展开，并贯穿作战行动的始终。信息作战能力是作战行动制胜的关键要素之一。

信息作战能力参量的实验描述主要包括：信息侦察效果、信息进攻效果和信息防御效果等内容。其中信息进攻效果还可细化为电子干扰效果、火力摧毁效果和计算机网络攻击效果等内容。

[①] 何明，李志荣，等. 作战仿真实验中的实验参量空间分析 [J]. 指挥控制与仿真, 2011, 33 (5).

3.3.2.4 人员素质参量

人员素质是指参战部队素质能力。在实际作战中,指挥员的谋略水平、指挥效能、指挥艺术、经验素质,作战人员(战斗员)的军事素质、操作技能、训练水平、战斗士气等对作战结果的影响是巨大的。通常需要将其参数化为定量指标加以表示,亦可以使用定性分类描述处理。

人员素质参量的实验描述主要包括:人员类型、素质类型、水平能力等内容。

3.3.3 环境参量空间

环境参量空间是对实现作战目标具有影响的各种外部要素的集合,主要包括战场环境参量和作战对手参量两类。

3.3.3.1 战场环境参量

战场环境是指战场及其周围对作战活动有影响的各种情况和条件,主要包括自然环境、社会环境和电磁环境三大类[77]。战场环境因素涉及因素多样,因素水平取值非常复杂。在对战场环境因素进行参量化设计时,应选择对计划影响效果明显的环境因素作为参量因素。

战场环境参量的实验描述主要包括:环境要素名称、环境要素类型、影响范围、影响效果等内容。

3.3.3.2 作战对手参量

知己知彼,百战不殆。在作战计划仿真实验评估分析中,要充分考虑作战对手策略、能力等方面对我的影响。参量的选取和设置可参考3.3.1节和3.3.2节的描述。

作战对手参量的实验描述重点内容包括:作战对手的部署和行动,重要目标分布,进攻方向上敌兵力兵器的配置和对我行动所构成的威胁程度,我发起进攻前后敌方可能采取的行动等,敌各类作战力量的作战能力、武器装备性能、战法运用、应对策略、是否有第三方介入等内容。

3.3.4 作战规则参量空间

作战规则主要用于描述各类军事行动、军事决策的要素及其之间的联系,是对作战理论、原则和方法进行的形式化描述,是作战经验和军事知识的结构化表达。作战规则参量空间主要包括指挥决策规则参量、作战行动规则参量和装备使用规则参量三类。

3.3.4.1 指挥决策规则参量

指挥决策规则主要是指各层次指挥机构在实施作战指挥中所必须考虑的相关规范和法则，主要包括：对作战态势判断规则、作战任务分配规则、作战目标选择及分配规则、兵力火力分配规则、间指挥协同规则、指挥引导规则等。

3.3.4.2 作战行动规则参量

作战行动规则主要是指对各类型作战行动过程进行约束的规范与法则，主要包括：侦察预警行动规则、机动规则、火力打击行动规则、防护作战行动规则、电子战行动规则、各类作战保障行动规则等。

3.3.4.3 装备使用规则参量

装备使用规则主要是指各军兵种武器装备使用规则，可划分为：各型作战平台使用规则、电子对抗装备使用规则、侦察预警装备使用规则、机动平台装备使用规则、武器弹药使用规则、保障装备使用规则等。

规则参量在作战实验设计中不独立存在，而是反映在上述各个参量的设计中。

第 4 章

作战计划仿真实验评估方法

作战计划仿真实验评估是计划仿真实验分析的起点和基础，其结果的准确性，方法的有效性，实施的可行性对计划分析研究具有关键的决定性作用。作战计划的仿真实验评估通常都涉及多指标评估需求，例如，在获得最佳打击效果的同时，通常我们希望付出较小的损失或代价，抑或在对多个打击目标实施突击过程中如何评判任务完成的综合效果。多指标的综合评估问题最核心问题就是如何把多个指标集结成一个综合测度，以便于评估选择与优化。当前线性加权集结是采用最多的一种有效的指标集结方式，但如果在研究的作战问题中存在非线性情况时，这种集结方式有可能导致决策的不准确性。本章提出基于任务指标需求空间的作战计划仿真实验评估方法，试图采用一种基于需求的非线性加权综合的方式来实现的对计划仿真实验数据的多指标评估。

4.1 基于任务指标需求空间的仿真实验评估方法概述

能力指标需求空间是由多个能力指标有效区域所合成的 N 维欧氏空间的子集。基于能力指标需求空间的评估分析方法，近年来以其基于需求开展和对问题进行整体性研究的两个突出特点而得到广泛重视和发展。文献[57,64,78]都对基于能力指标需求空间的评估分析方法进行了一定的研究。

作战计划的评估需要对作战计划的完成效能进行评估。其效能完成情况最直接的体现是计划任务目标的完成情况，即满足任务目标需求的情况。战争系统是复杂系统，因而计划评估分析研究亦应遵循复杂系统研究的体系性和整体性研究要求。基于能力指标需求空间的研究分析方法，能够为有效应对计划评估面临的体系性和整体性研究挑战提供研究思路。然而，计划的评估分析与武器装备指标分析相比，具有定性因素多、模糊评判多、因素间关系复杂、要素关系多、难以用明确的解析关系描述等特点。因而本书在相关研究成果实践的基础上，认真分析作战计划仿真实验评估分析的需求与特点，在传统能力指标需求空间基础上提出计划任务指标需求空间概念，并在以往研究成果的基础上提出一套基于任务指标需求空间的作战计划仿真实验评估分析方法。

4.1.1 相关概念

定义 1 任务指标向量是指由多个任务特性指标合成的一个多维指标向量，向量各维的取值表示每个任务特性指标的取值。图 4-1 向量 P 示意性地描述了对敌重点目标打击任务的任务指标向量。

定义 2 任务指标向量轨迹是满足规定条件的一组任务指标向量点集，可以是点、线、面、体。

定义 3 任务指标向量空间是指由任务指标向量构成的一个多维空间结构。

定义 4 任务指标需求空间是指任务指标向量空间中能够满足任务目标需求条件的有效点集。

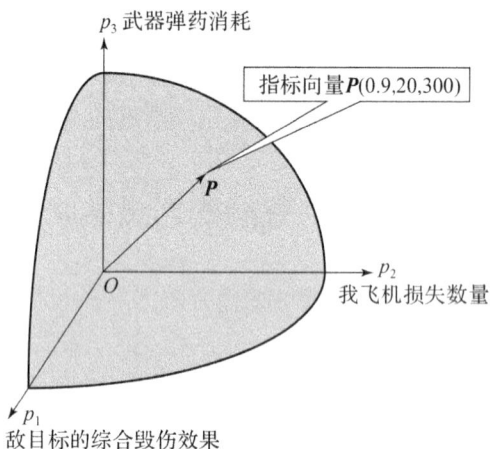

图 4-1 计划任务指标向量及任务指标需求空间示意图

计划任务指标需求空间，通常是由 n 个任务特性指标所合成的 N 维欧氏空间的有效区域子集。如图 4-1 所示，对敌方重点目标的打击任务效果，受对敌目标的综合毁伤效果 $p_1 \in P_1$，我飞机损失数量 $p_2 \in P_2$，武器弹药消耗 $p_3 \in P_3$ 等几个关键任务特性指标影响，计划任务指标需求空间 P 就是这三个指标的笛卡儿积，即 $P = P_1 \times P_2 \times P_3$。三元函数 $u = f_u(p_1, p_2, p_3)$ 表示三个任务特性指标到对敌方重点目标的打击任务效果 u 的函数关系。为了减小问题求解的复杂度和难度，通常需要对指标进行规范化处理，且都化成同一种单调特性。例如，图4-1中，敌目标的综合毁伤效果的单调性就需要做反向处理。

空间各维的取值可以分为离散型或连续型。离散型是指各维的取值是离散数值，连续型是指各维指标取值是连续区间。在作战计划仿真实验评估中，其任务指标需求空间的生成主要基于计划任务需求目标，具体生成方法将在4.2节进行研究。

4.1.2 方法流程

如图4-2所示，基于任务指标需求空间的评估方法基本流程由计划任务目标需求分析、任务指标向量空间构建、任务指标需求空间生成和基于任务指标需求空间开展评估分析与优化四步组成。

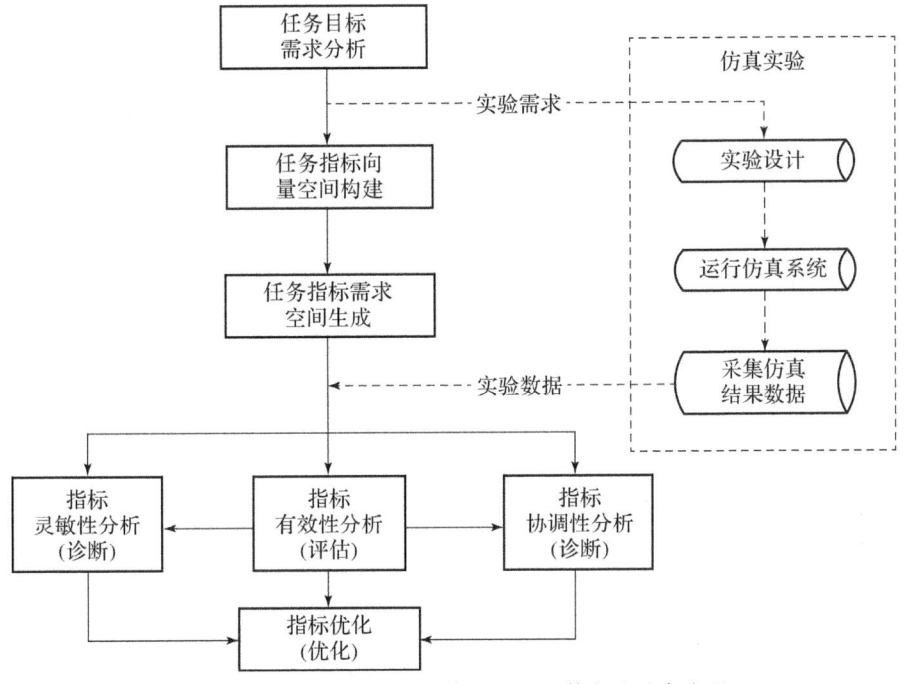

图4-2 基于任务指标需求空间的评估方法基本流程

4.1.2.1 计划任务目标需求分析

基于任务指标需求空间的计划评估方法其基础是任务指标需求空间的建立。需求空间的建立，则有赖于对作战计划要达成的目标进行分解，找到可切实通过仿真实验获得的实验指标，以及影响作战计划实施的主要实验变量。这些问题应在计划任务目标的需求分析中获得解决。

4.1.2.2 任务指标向量空间构建

任务指标向量空间的构建是基于计划任务目标需求分析结果，选取对任务具有影响的实验指标，进而将相关任务指标合成一个任务指标向量空间的过程。实验指标来自任务目标域和实验指标域（任务特性指标域）。由于作战计划的复杂性，每个域的指标还可再分多层进行描述。任务目标域的指标多为抽象指标，以完成度等为主要形式；而任务特性指标往往具有明确的军事含义，通常能够通过仿真实验获得。

4.1.2.3 任务指标需求空间生成

生成任务指标需求空间的关键在于确定任务目标与实验指标之间的映射关系。其关系主要包括三种类型，一是具有明确的解析关系，即二者之间的关系可以用解析式关系表示；二是数值黑盒关系，即二者之间的关系无法获得明确的解析关系，通常只能通过探索或实验手段来确定；三是专家主观确定，即二者之间的关系难以用客观量化的模型来表示，只能通过专家知识融合的手段来生成评估指标需求空间的[78]。对于第一种类型可以通过解析式来生成；对于第二种类型可以通过实验优化探索生成；对于第三种类型，可通过综合集成研讨环境，依靠多专家的知识融合来获取。

生成的任务指标需求空间大致可以分为两类，即客观型需求空间和主观型需求空间。客观型需求空间受客观存在约束条件制约，主要通过前两种方式获得；而主观型需求空间不具有客观存在的约束条件制约，往往通过第三种方式建立。

4.1.2.4 基于需求空间开展评估分析与优化

基于任务指标需求空间开展评估主要是通过仿真实验数据开展计划有效性测度计算分析来完成。效用测度可以用两种方式计算，一是用整个需求空间实现多指标集结，即用计划仿真推演结果数据与需求空间的重合度来表示，把需求空间作为一种"体权"来衡量。在不确定性仿真中，通常用体权来实现指标综合测度的计算。二是利用需求空间的包络面来对实际系统的多指标进行集结，即用计划仿真推演结果数据与需求空间面的期望相对距离来表示，相当于将需求空间作为一种"面权"来衡量，在确定性仿真中面权应用较多。

在有效性测度分析的基础上，可以进一步对计划实验指标的敏感性、协调性进行分析，以支持实验计划的诊断与优化。

4.1.3 方法特点

当前对多指标的评估方法研究主要是基于点权、线权、面权与体权四类方法进行。点权即是传统 TOPSIS 方法的处理方式。线权是目前使用最为广泛的多指标线性加权综合方法。然而当需求是非线性时，如图 4-3 所示（已做了指标的规范化处理和单调性处理），横轴代表我飞机的战损率，纵轴代表对敌毁伤效果。可以看到实际情况是实验指标向量 B 能满足任务需求，而实验指标向量 A 不能满足任务需求，但是按照线权综合的方式，结果恰恰相反。这种情况的发生主要源于需求的非线性原因。

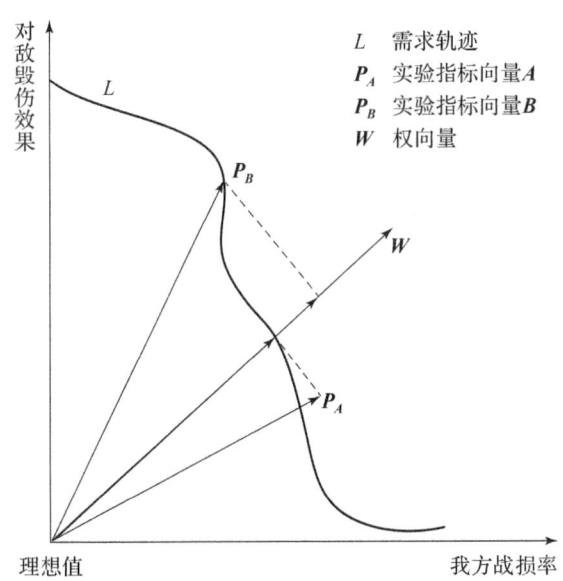

图 4-3 线权综合与需求非线性的关系示意图

本章所研究的基于任务指标需求空间进行作战计划仿真实验评估分析的方法，是一种基于面权或体权的综合方法。主要有以下三个特点。

（1）采用任务指标向量模式，强调计划分析的整体性与不确定性，符合复杂系统研究特性。

（2）基于需求进行评估分析，以需求目标作为计划评估指标的基线，计划评估围绕需求目标展开。

（3）基于统一的计划指标需求模型完成有效性测度、灵敏性测度与协调性测度等多种类型的指标分析。

4.2 任务指标需求空间生成方法

任务指标需求空间主要包括两种类型，即客观型任务指标需求空间和主观型任务指标需求空间。本节研究两种需求空间的生成方法。

4.2.1 客观型任务指标需求空间的生成方法

客观型任务指标需求空间是指客观存在的任务指标需求空间，通常可以通过显示函数关系描述或通过仿真实验探索获得。基于解析计算的任务指标需求空间构建方法是最理想的需求空间构建模式，可以通过解析式的微分方程或方程组得出计划的任务指标需求轨迹的解析形式。例如，在以夺取制空权为主要目标的空中进攻战役中，基于夺取制空权的要求，利用空中任务优势分析模型，可以获取相关目标打击效果与兵力损失的需求空间。然而基于解析计算的任务指标需求空间其映射关系在体系化的不确定作战条件下，通常是难以获得的。

基于实验探索的任务指标需求空间生成方法，是通过实验探索性分析的方法来逐步获得任务指标需求空间的一种方法，是在作战计划仿真实验评估分析中最为重要的需求空间生成方法。例如，在对敌重点目标进行打击的任务中，取对敌目标的综合毁伤效果，我飞机损失数量和武器弹药消耗作为构建任务指标需求空间的任务特性指标，并明确当对敌目标的综合毁伤效果大于某特定值，我飞机损失数量和武器弹药消耗量控制在某特定值以下能够完成任务。根据这一综合作战任务目标，通过仿真实验探索的方法，在三维空间 P 中寻找能够满足 $f_u(p_1,p_2,\cdots,p_3) \geqslant (或 \leqslant) u_k, u_k \geqslant 0$ 的有效点集或有效区域，这一有效需求区域就是计划任务指标需求空间。

通过上述分析可以看出，获取计划任务指标需求空间的关键是确定映射 f_u。计划任务指标需求空间的生成就是基于相应 f_u 与需求指标的约束，寻找符合需求的任务指标向量点集的过程。目前的指标需求空间生成方法研究中主要有基于超盒逼近的连续型任务指标需求空间生成方法和基于探索筛选的离散型任务指标需求空间生成方法两类。

4.2.1.1 连续型计划任务指标需求空间生成方法[57,64,78]

如果计划任务指标需求空间的每一维取值是客观连续的，可基于文献[57, 64]提出的采用超盒逼近的需求空间生成方法生成任务指标需求空间。

■ 第 4 章 作战计划仿真实验评估方法

如图4-4和图4-5所示，采用超盒逼近的任务指标需求空间生成方法采用了数值逼近的方法，使用规则的超盒来逼近不规则的计划任务指标需求空间。实验步骤如下。

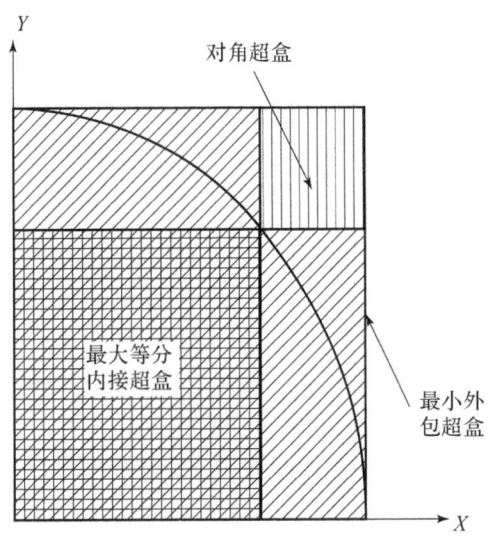

图4-4 各类超盒示意图①

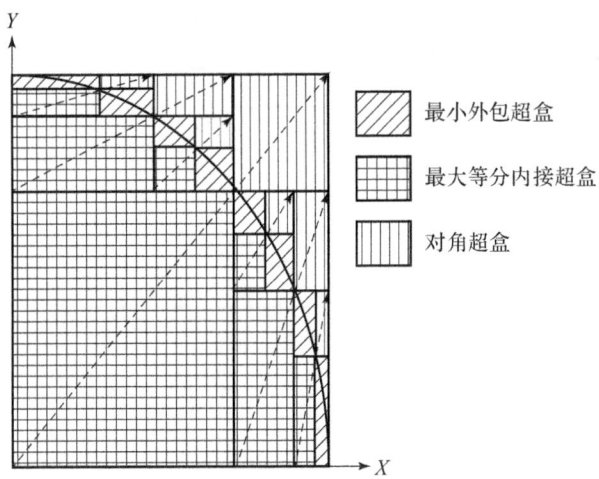

图4-5 基于超盒逼近的任务指标需求空间生成方法

---

① 胡剑文，常青，等. 作战仿真实验设计与分析 [M]. 北京：国防工业出版社，2010.

作战计划仿真实验评估分析方法

（1）根据任务需求约束，确定的最小外包超盒范围。
（2）使用二分法（或其他快速逼近法）选出最大等分内接超盒。
（3）去除对角超盒。
（4）重复上述步骤，直至完成对所有需求空间的探索。所有最大等分内接超盒的并集就是任务指标需求空间。

这种方法使得建立在仿真模型基础上的计划任务指标需求空间的求解成为可能。

4.2.1.2 离散型计划任务指标需求空间生成方法[①]

如果计划任务需求空间中的每一维度，即各个指标取值不是取连续区域，而是离散化的，预先分成有限个点，那么采用穷举探索实验的方法可以找到所有满足需求的任务特性指标取值组合。在因子数量及水平不大时可以采用此种方法。当因子数量及水平数较多时，文献［57，64］提出一种利用任务特性指标的单调性，采用贪婪算法进行优化探索的方法。

如图4-6所示，离散型计划任务指标需求空间生成方法的主要步骤如下。

组合序号	下截集	上截集	代表度	权重[初始下截集/(初始上截集+初始下截集)]
2 2 2 2	1	256	1.99	0.0039
3 2 2 2	2	192	3.96	0.010
4 2 2 2	3	128	5.86	0.023
…				
4 4 3 3	36	36	36	0.5
…				
5 2 2 2	4	64	7.5	0.059
…				
3 5 5 5	128	3	5.86	0.98
4 5 5 5	192	2	3.96	0.99
5 5 5 5	256	1	1.99	0.99

(4433)的下截集
2 2 2 2
3 2 2 2
4 2 2 2
4 3 2 2
4 3 3 2
4 4 2 2

图4-6 离散型计划任务指标需求空间生成算法示例[①]

---

① 胡晓峰，杨镜宇，等. 战争复杂系统仿真分析与实验［M］. 北京：国防大学出版社，2008.

(1) 设置加权代表度的计算方法。

(2) 扫描组合表。

(3) 选取加权代表度最大的组合进行求值。

(4) 判定其是否满足任务需求。

(5) 据此判定所有组合中满足（或不满足）任务需求组合的上截集或下截集。

(6) 返回第（2）步，重复上述步骤，直至获得任务需求空间所有组合。

4.2.2 主观型任务指标需求空间的生成方法

在作战计划仿真实验评估中，如果计划任务特性指标与计划任务目标对应关系无法用客观模型来表示，一般可以通过专家综合研讨的方式，形成主观型需求空间。下面是一个在二维任务特性指标空间内，对五位专家主观判定进行综合，生成需求空间的实例。

基于五位专家分别对对敌空中力量的打击效果 A 和对敌对空作战力量的毁伤效果 B 两个指标进行的综合判断（五位专家权威度权重取相同值），形成二维的专家主观评价需求空间，如图 4-7 所示。点 $P_{1i}(i=1,2,\cdots,5)$ 分别表示每位专家对评价指标 A 和 B 的需求评估打分值，即每位专家对任务指标需求提出的需求标准。专家提供的每个判断点 P_{1i} 与原点构成的矩形区域即为专家 i 判定为符合需求的区域。P_{1i} 与原点 O 构成的矩形区域相互重叠，区域重叠度代表五位专家意见的一致度。因为无法精确确定需求空间边界，所以需求空间是一个模糊集合或粗糙集合。我们可以通过融合专家的知识，采取粗糙集合的形式表示实际任务指标需求空间。

如图 4-8 所示，对于不同阴影所代表的区域 Q_1、Q_2、Q_3、Q_4、Q_5 来说，专家判断的重叠率不同，则该区域的指标值满足需求的概率不同，如下所示。

(1) Q_1 的重叠率为 100%，表示五位专家对 Q_1（可以用图 4-8 中的 OP_1 表示，O 点与 P_1 点表示对角点）区域的意见完全一致，因此可以认为落入 Q_1 区域的指标值满足计划任务的完成度为 100%；

(2) Q_2 的重叠率为 80%，表示四位专家对 Q_2 区域的意见一致，因此可以认为落入 Q_2 区域的指标值满足计划任务的完成度为 80%；

作战计划仿真实验评估分析方法

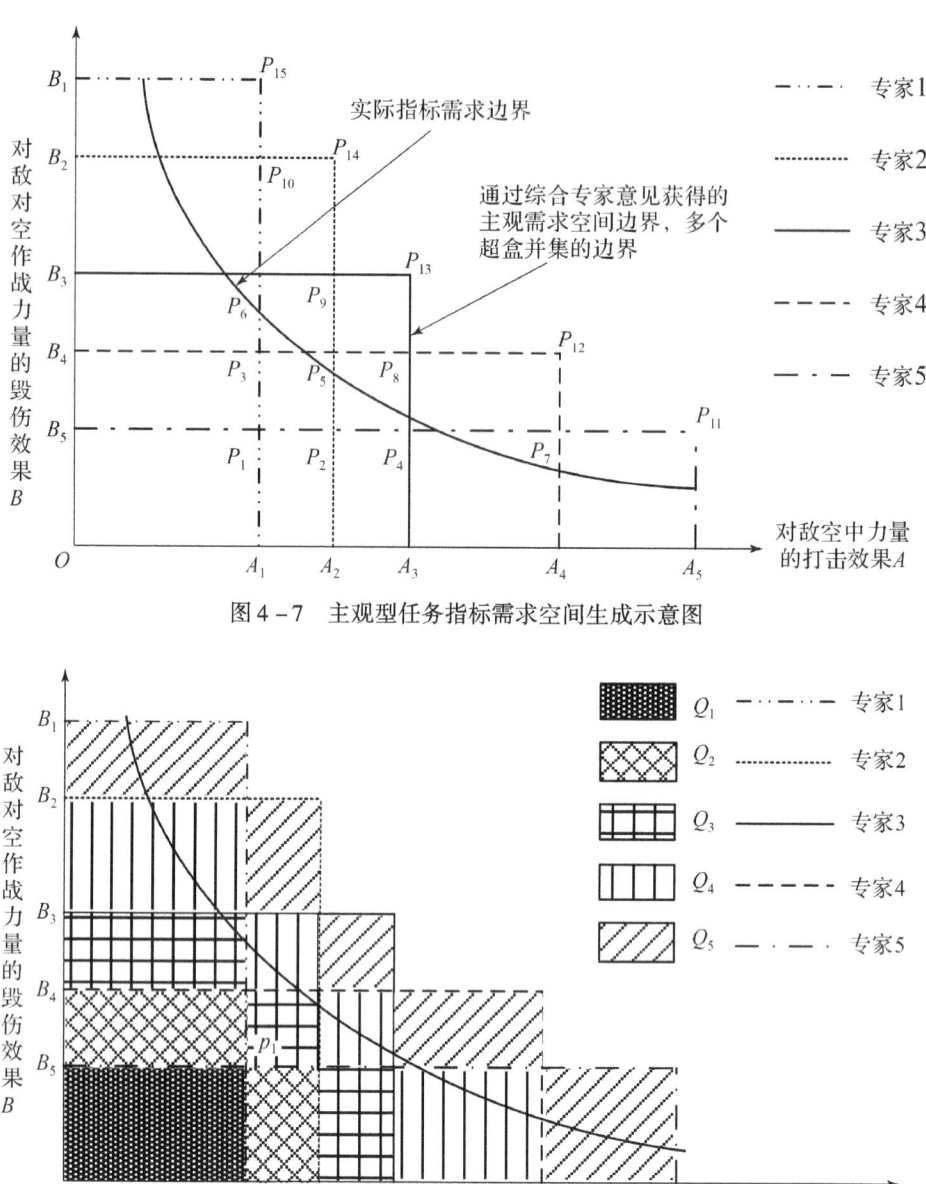

图 4-7 主观型任务指标需求空间生成示意图

图 4-8 专家主观型任务指标需求空间的确定

（3）Q_3 的重叠率为 60%，表示三位专家对 Q_3 区域的意见一致，因此可以认为落入 Q_3 区域的指标值满足计划任务的完成度为 60%；

(4) Q_4 的重叠率为 40%，表示三位专家对 Q_4 区域的意见一致，因此可以认为落入 Q_4 区域的指标值满足计划任务的完成度为 40%；

(5) Q_5 的重叠率为 20%，表示三位专家对 Q_5 区域的意见一致，因此可以认为落入 Q_5 区域的指标值满足计划任务的完成度为 20%。

在任务指标需求空间中具有相同专家判断重叠率的区域称为等价类。如 Q_1 内所有的点构成一个等价类。

4.3 基于任务指标需求空间的评估算法

任务指标需求空间是进行作战计划评估的基础。在确定任务指标需求空间的基础上，通过开展任务指标的有效性分析来完成对计划的评估。

4.3.1 有效性分析概念

任务有效性是指任务指标达到相应需求或完成相应任务的程度。有效性分析属于传统意义上的系统效能分析，指标有效值也称为效能值。进行任务指标有效性分析时，是把任务指标需求空间作为衡量实际指标的标准，将实际任务指标值的分布与需求空间作比较，求出任务指标有效性度量。有效性的测度包括重合度测度和距离测度两种方式。

1) 重合度测度

重合度测度是基于体权的评估测度方法，即将实验指标分布区域与任务指标需求空间的重叠部分多少作为衡量有效性的测度，如图 4-9 所示。

2) 距离测度

距离测度是基于面权的评估测度方法，即将指实验指标向量点到任务指标需求空间面的期望相对距离来作为衡量有效性的测度，如图 4-10 所示。

4.3.2 基于重合度测度的有效性评估算法

1) 任务指标需求空间可解析表示

在具有可解析表示的需求空间中，基于重合度测度的计划任务有效性评估算法为

$$E_{c1} = \int_{pl} f(p) \, dp \tag{4.1}$$

作战计划仿真实验评估分析方法

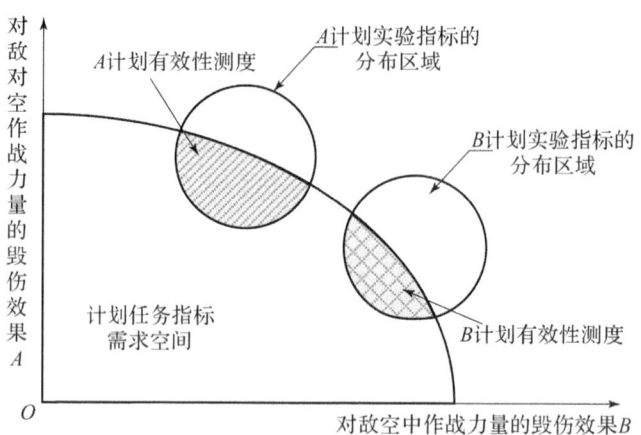

图4-9 基于重合度测度有效性分析示意图

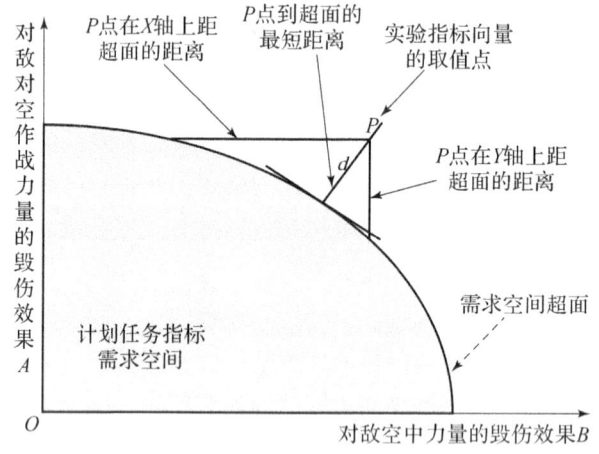

图4-10 基于距离测度有效性分析示意图

式中：E_{c1} 为计划任务指标满足需求的概率值，是实际指标基于重合度测度的有效性；pl 为计划任务指标需求空间；$f(p)$ 为计划任务指标取值的联合概率密度。

2）任务指标需求空间由超盒逼近

如果任务指标需求空间是由 4.2.1.1 节中所介绍的超盒逐步逼近而形成的，基于重合度测度的计划任务有效性评估算法为

$$E_{c2} = \sum_{i=1}^{n} \int_{H_i} f(p) \, \mathrm{d}p \qquad (4.2)$$

式中：E_{c2} 为计划任务指标满足需求的概率值；n 表示超盒的数量；H_i 为第 i 个超盒，$\bigcup_{i=1}^{n} H_i \approx \text{pl}$；$f(p)$ 为计划任务指标取值的联合概率密度。

3）任务指标分布无法用 $f(p)$ 估算

如果实验指标分布无法用 $f(p)$ 估算，则基于重合度测度的计划任务有效性评估算法为

$$E_{c3} = \frac{1}{n}\sum_{i=1}^{n} \text{IN}(p_i) \tag{4.3}$$

式中：E_{c3} 为计划任务指标满足需求的概率值；n 为计划任务指标实验取值重复样本数；$\text{IN}(p_i)=1$，如果 p_i 在 pl 内。否则 $\text{IN}(p_i)=0$。

4）任务指标需求空间由模糊粗糙集生成

如果任务指标需求空间是由 4.2.2 节中所介绍的模糊粗糙集方法生成，则基于重合度测度的计划任务有效性评估算法为

$$\begin{cases} E_{c4} = (\text{Rough})\int_R f(p)\mathrm{d}p = \bigvee_{0\leq\lambda\leq1}(\lambda \wedge E_\lambda) \\ E_\lambda = \left(k\cdot\int_{\overline{R_\lambda}}f(p)\mathrm{d}p + (1-k)\cdot\int_{\underline{R_\lambda}}f(p)\mathrm{d}p\right) \end{cases} \tag{4.4}$$

式中：E_{c4} 为计划任务指标满足需求的概率值；R 表示描述有效需求的粗糙集合；$f(p)$ 为计划任务指标取值的联合概率密度；E_λ 为计划任务指标的粗糙集合测度；k 表示平衡上近似与下近似的一个参数，取值范围为 $[0,1]$ 区间；λ 为均衡点；$\overline{R_\lambda}$ 为均衡点 λ 截集上近似；$\underline{R_\lambda}$ 为均衡点 λ 截集下近似。

4.3.3 基于距离测度的有效性评估算法

1）任务指标需求空间为客观型

任务指标需求空间为客观型条件下，基于距离测度计划任务有效性评估算法为

$$E_{d1} = \frac{1}{n}\sum_{i=1}^{n}\text{sign}(i)\sqrt{(p_{mi}-p_i)^2} \tag{4.5}$$

式中：E_{d1} 为计划任务指标是否满足需求的测度值，是实际指标基于距离测度的有效性；$\text{sign}(i)$ 当计划任务指标点在需求面之内时，$\text{sign}(i)=1$；当计划任务指标点在需求面之外时，$\text{sign}(i)=-1$；当计划任务指标点在需求面上时，$\text{sign}(i)=0$；p_i 为计划任务指标的取值点；p_{mi} 为计划任务指标的取值点 P 点到超面的最短距离连线与超面的相交点，将其定义为指标捷径点。

2) 任务指标需求空间为主观型

如果任务指标需求空间是由 4.2.2 节中所介绍的模糊粗糙集方法生成，则基于距离测度的计划任务有效性评估算法为

$$E_{d2} = D_R(P) = \int_{dis(P,0)}^{dis(P,1)} dis^{-1}(P,x)dx \tag{4.6}$$

式中：E_{d2} 为计划任务指标是否满足需求的测度值；$D_R(P)$ 为点 P 到任务指标需求空间 R 边界超面的综合距离；令 $d = dis(P,\lambda)$，则 $\lambda = dis^{-1}(P,d)$。

式 (4.6) 中

$$dis(P,\lambda) = k \cdot \underline{dis(P,\lambda)} + (1-k) \cdot \overline{dis(P,\lambda)} \tag{4.7}$$

式中：$dis(P,\lambda)$ 为评价点 P 到 S_λ 的距离；$\underline{dis(P,\lambda)}$ 为评价点 P 到 S_λ 的下近似相对距离；$\overline{dis(P,\lambda)}$ 为评价点 P 到 S_λ 的上近似相对距离；k 表示平衡上近似与下近似的一个参数，取值范围为 $[0,1]$ 区间。

式 (4.7) 中

$$\overline{dis(P,\lambda)} = \min\left\{\left\|\frac{P-x}{P}\right\|_2 \middle| X \in \overline{S_\lambda}\right\}, \left\|\frac{P-X}{P}\right\|_2 = \sqrt{\sum_{i=1}^n \left(\frac{p_i - x_i}{p_i}\right)^2} \tag{4.8}$$

$$\underline{dis(P,\lambda)} = \min\left\{\left\|\frac{P-x}{P}\right\|_2 \middle| X \in \underline{S_\lambda}\right\}, \left\|\frac{P-X}{P}\right\|_2 = \sqrt{\sum_{i=1}^n \left(\frac{p_i - x_i}{p_i}\right)^2} \tag{4.9}$$

式中：S_λ 为任务指标需求空间截集 R_λ 的边界超面；$\overline{S_\lambda}$ 为 $\overline{R_\lambda}$ 边界超面，$\underline{S_\lambda}$ 为 $\underline{R_\lambda}$ 边界超面；n 表示空间维数，也表示任务指标个数；如果 $(P-x) < 0$ 时，$\overline{dis(P,\lambda)} = -\overline{dis(P,\lambda)}$ 或 $\underline{dis(P,\lambda)} = -\underline{dis(P,\lambda)}$。

4.3.4 多任务指标需求空间有效性评估算法[①]

如果任务指标需求空间由多个子任务指标需求轨迹共同约束，则基于重合度测度的计划任务有效性评估综合算法为

（1）效能加权平均

$$E_{(1)} = \sum_{i=1}^K \lambda_i E_i \tag{4.10}$$

（2）效能取最小值

---

① 胡晓峰，杨镜宇，等. 战争复杂系统仿真分析与实验 [M]. 北京：国防大学出版社，2008.

■ 第4章　作战计划仿真实验评估方法

$$E_{(2)} = \mathrm{Min}(E_i) \tag{4.11}$$

（3）取各需求轨迹交集作为计划任务指标需求轨迹

$$E_{(3)} = \int_{\mathrm{TPl} = \cap_{i=1}^{K}\mathrm{Pl}_i} f(p)\,\mathrm{d}p \tag{4.12}$$

式中：K 是计划任务指标需求轨迹总数；i 是第 i 个任务指标需求轨迹；λ_i 是第 i 个任务指标需求轨迹的权重；E_i 是第 i 个计划任务指标需求轨迹效能值；TPl 是各需求轨迹交集合并后的总任务指标需求空间；Pl_i 为第 i 项计划任务指标需求空间。

第 5 章

作战计划仿真实验诊断方法

通过对计划进行仿真实验评估，可以对作战计划的可行性、有效性和稳健性都获得一个比较明确的评估结果。如果通过评估能够获得作战计划的满意解，同时没有进一步优化的需求，即可选择结束对计划的评估分析过程。然而在实际作战计划的评估分析中，往往很难一次性获得计划的满意解，通常需要对计划进行反复的修改。在以往的计划评估分析过程中，主要依靠具有丰富经验的军事人员充分运用自己的经验与智慧对计划问题进行预判，对计划进行尝试性的调整，再进行仿真实验予以验证。然而这种分析方式往往是试证性的，一旦调整方向发生偏差，则必须付出极大的工作量予以纠正。作战实验以分析因果关系为主要特征，通过实验设计与分析技术，可以有效地对实验数据进行分析，找到影响计划任务完成度的关键因素，进而为军事人员开展准确的计划优化提供定量分析支撑。本章将从可支持诊断的常用分析方法、基于任务指标需求空间的指标分析诊断方法两部分开展研究。在作战计划仿真实验中，基于仿真动态推演开展过程性诊断分析也是常用方法，本书不做赘述。

5.1 可支持诊断的常用分析方法

5.1.1 统计分析方法

统计最基本的含义是指人们对客观事物的数量表现、数量关系和数量变化进行描述和分析的计量活动。统计学是收集、处理、分析、解释数据并从数据中得出结论的一门学问[1]。统计分析是认识世界的有力工具，它通过综合应用统计方法及与分析对象有关的领域知识，以定量与定性相结合的方式开展研究

---

[1] 贾俊平. 统计学 [M]. 北京：中国人民大学出版社，2009.

第 5 章　作战计划仿真实验诊断方法

活动。其作为数据分析最基础、最常用的方法，已在越来越多的领域得到广泛应用，是开展作战计划仿真实验评估分析的基础手段之一。

统计分析包括基于可视化图表的分析、基于统计量的分析和基于分布的分析。本书只选用基于可视化图表的分析作为实验诊断支撑方法。

统计的精髓是使复杂问题简单化，而不是把简单问题复杂化。可视化的图形在数据展现方面具有突出的优点。

(1) 图形能以最简洁的方式为观察者提供最丰富的信息；
(2) 良好的图形设计可以对复杂的思想进行清晰和准确地表达。

面对相同的数据集，分析者可以选择多种可视化方式进行表现。在作战计划的分析诊断中，应用的典型数据图形方式如表 5-1 所列。

表 5-1　典型的数据图形示例[81]

基本类型	应用描述	常见图形	图例
直方图 柱形图 条形图 锥形图	比较相交于类别轴上的数值大小，或数据分布情况	簇状柱形图、堆积柱形图、百分比堆积柱形图、三维柱图、直方图、股价图等	
饼图	显示每一数值相对于总数值的大小	三维饼图、分离型饼图、复合饼图等	
散点图 气泡图	比较成对的数值或确定数据的分布	坐标散点图、折线散点图、平滑线散点图等	
线形图	显示随类别而变化的趋势线	折线图、数据点图、堆积线图、百分比图、对数图、平滑直线图等	

续表

基本类型	应用描述	常见图形	图例
面积图	显示各种数值随时间或类别而变化的趋势线	堆积面积图、框架图、俯视曲面图等	
曲面图	在连续曲面上显示数值的趋势线	三维曲面图、框架图、俯视曲面图等	
雷达图 环形图	多个样本进行相似性分析	数据雷达图、填充雷达图等	

例如，在作战计划的评估分析中，可以利用柱形图来对计划中的所有打击目标与预定的打击目标要求进行对比分析。如图 5-1 所示，深色柱体表示的是对各打击目标下达的打击任务要求，浅色表示完成要求的比率。显然，各个目标的打击效果在图中可以获得直观清晰的显示；如图 5-2 所示，还可以使用饼图对敌使用的弹药使用情况进行分析，使指挥人员对各类弹药使用情况获得直观、准确的了解。

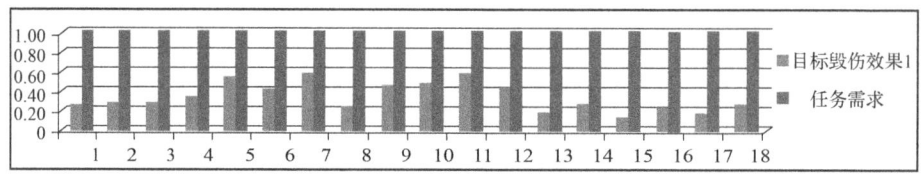

图 5-1　对敌目标打击效果的条形图分析

■ 第5章 作战计划仿真实验诊断方法

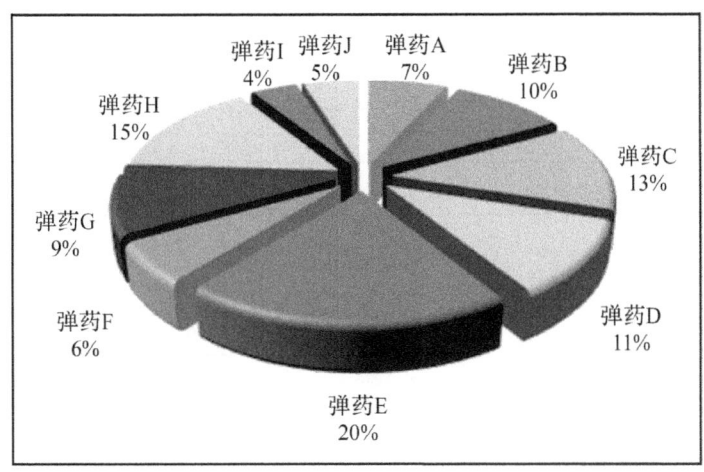

图 5-2 对敌使用弹药的分离性饼图分析

根据作战计划目标的不同以及分析需求不同，可以灵活地从表 5-1 中介绍的各类可视化图形中选取恰当的图形来开展分析。总的来说常用分析类型包括：①对数据的分布进行分析的图形主要包括直方图、条形图、箱线图和饼图；②对两个数据间关系进行分析的常用图形包括散点图、散点图矩阵、叠加图、变异性图和气泡图；③对多个样本进行相似性分析常用图形包括雷达图和环形图。

5.1.2 OLAP 分析方法

OLAP 分析是指使用多维分析方法，对多维数据进行切片、切块、钻取、旋转等分析动作。这种方法通过直观的方式可从多个角度，多个侧面，多个层次及多种数据综合方式对多维数据进行分析、比较，能够使用户以更接近自然的方式分析数据，了解数据背后的规律。

下面以对敌重点目标进行打击作战的计划进行 OLAP 分析为例，来介绍 OLAP 分析在计划诊断中的作用。

（1）设计维表与探索性计算结果数据表。

待诊断的计划其计划目标是拟对敌重点目标进行打击，以压制敌空中进攻兵力。分析的案例中设计从作战兵力规模、支援干扰等级、打击策略和武器弹药使用等四个方面进行多维分析，如表 5-2 至表 5-6 所列。

①作战兵力规模维表。

表 5-2 作战兵力规模维表

ID	作战兵力规模	可用数量
01	大	100
02	中	70
03	小	40

②支援干扰等级维表。

表 5-3 支援干扰等级维表

ID	干扰策略	干扰级数
01	伴随干扰	1
02	远距离干扰	2
03	地面设备干扰	3

③打击策略维表。

表 5-4 打击策略维表

ID	是否预先打击预警探测系统	打击方式
01	否	无
02	是	用无人机打
03	是	用航空兵打

④武器弹药使用维表。

表 5-5 武器弹药使用维表

ID	飞机型号	挂载方案
01	型号 1	弹药 1
02	型号 1	弹药 2
03	型号 2	弹药 3
04	型号 2	弹药 4

⑤探索性计算结果表。

表 5-6 探索性计算结果表

兵力规模	支援干扰	打击策略	武器弹药	封锁概率	完成任务与否
01	01	01	01	0.78	是
…	…	…	…	…	…
03	02	01	02	0.36	否
…	…	…	…	…	…

(2) 利用 SQLSERVER 数据库查询分析器,以星形模式实现多维数据立方,其结构如图 5-3 所示。

图 5-3 多维数据立方

(3) 通过 EXCEL 显示各种 OLAP 分析查询结果。其中切片、旋转与钻取查询功能示例如图 5-4 至图 5-6 所示。从分析图表中可以清晰地看到四维实验参量要素对计划完成效果的影响作用。

作战计划仿真实验评估分析方法

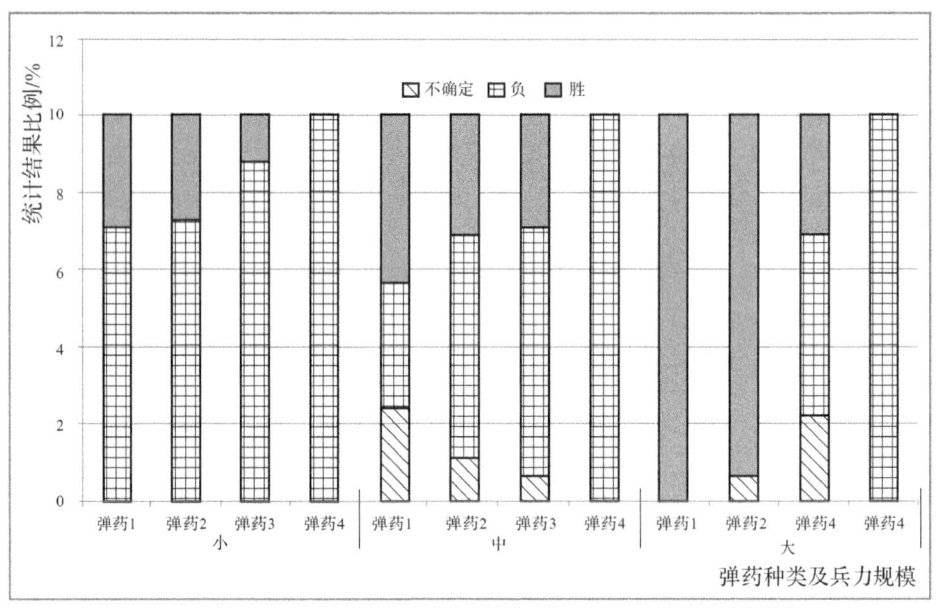

图 5-4　切片统计显示示例

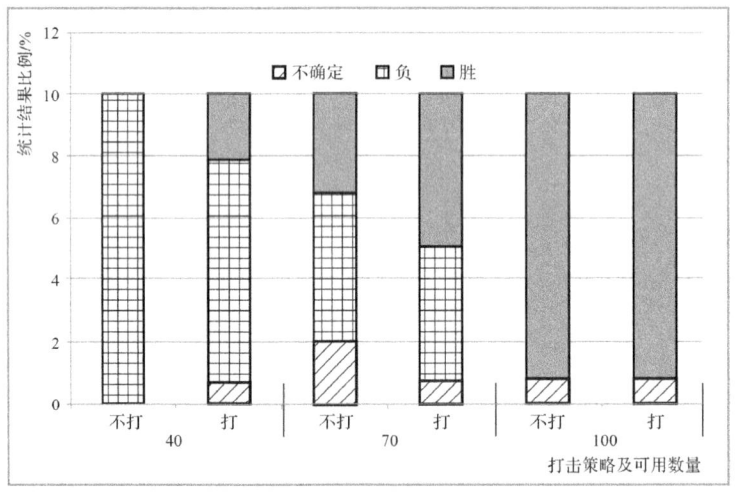

图 5-5　旋转统计显示示例

■ 第 5 章 作战计划仿真实验诊断方法

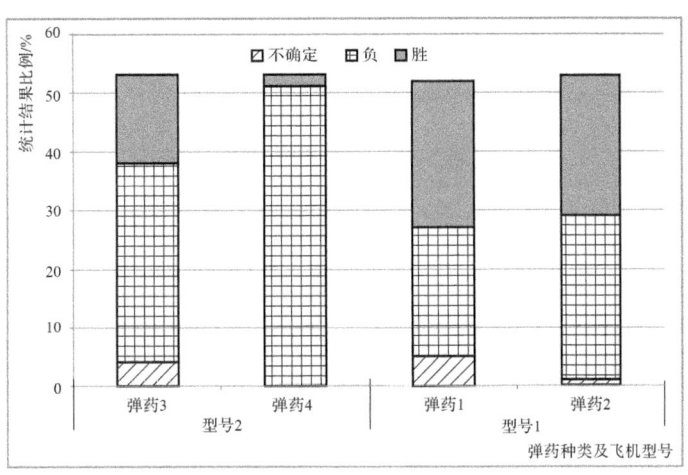

图 5-6 钻取后统计显示结果示例

5.1.3 基于 2^k 因子设计的效应分析方法[①]

全因子设计是最为重要的实验设计方法之一。其设计和实现方法见文献[69-72]。本书主要应用 2^k 因子设计方法，通过主效应和交互效应分析，找到各实验因素对计划任务完成度的影响关系，从而为计划的仿真实验诊断提供明确的研究方向。

本部分以空地导弹对敌某机场目标的打击效果仿真实验为例，说明 2^k 因子设计的效应分析在计划诊断中的作用。其步骤如下。

1）实验设计

本例研究导弹发射数量、圆概率偏差以及单枚导弹威力半径这三个因子对敌打击目标毁伤面积的关系。实验因子设计及其因子水平设计如表 5-7 所列。

表 5-7 仿真实验因子水平设计

因素	-	+
发射数量	8	16
CEP	100	300
毁伤半径	100	300

[①] 胡剑文，常青，等. 作战仿真实验设计与分析 [M]. 北京：国防工业出版社，2010.

2）仿真实验

按照实验设计进行仿真实验，每个实验点进行十五次重复实验，实验设计组合及平均响应水平如表 5-8 所列。

表 5-8　仿真实验设计

实验点	实验因素			平均目标毁伤面积
	发射数量	CEP	威力半径	
1	−	−	−	61142.81
2	+	−	−	62345.68
3	−	+	−	52245.19
4	+	+	−	54095.09
5	−	−	+	62242.67
6	+	−	+	62295.62
7	−	+	+	60572.68
8	+	+	+	63195.07

3）敏感性和关联性的计算

通过计算因子主效应和交互效应，可以对各因素进行敏感性分析和关联性分析。其中主效应代表着因子的敏感性，而交互效应代表因子之间的关联性。$e_{发射数量}$、e_{CEP}、$e_{威力半径}$ 分别代表导弹发射数量、CEP 和威力半径三个实验因子的主效应，e_{12}、e_{13}、e_{23}、e_{123} 分别表示三个实验因子之间两两及三者之间的交互效应。

$$e_{发射数量} = \frac{-61142.81 + 62345.68 - 52244.19 + 54096.09 - 62242.67 + 62296.62 - 60573.68 + 63195.07}{4} = 1432.528$$

$$e_{CEP} = \frac{-61142.81 - 62345.68 + 52244.19 + 54096.09 - 62242.67 - 62296.62 + 60573.68 + 63195.07}{4} = -4479.69$$

$$e_{威力半径} = \frac{-61142.81 - 62345.68 + 52244.19 + 54096.09 - 62242.67 - 62296.62 + 60573.68 + 63195.07}{4} = 4619.818$$

第 5 章 作战计划仿真实验诊断方法

$$e_{12} = \frac{\begin{array}{c}+61142.81-62345.68-52244.19+54096.09+\\62242.67-62296.62-60573.68+63195.07\end{array}}{4} = 805.1175$$

$$e_{13} = \frac{\begin{array}{c}+61142.81-62345.68+52244.19-54096.09-\\62242.67+62296.62-60573.68+63195.07\end{array}}{4} = -95.8575$$

$$e_{23} = \frac{\begin{array}{c}+61142.81+62345.68-52244.19-54096.09-\\62242.67-62296.62+60573.68+63195.07\end{array}}{4} = 4095.418$$

$$e_{123} = \frac{\begin{array}{c}-61142.81+62345.68+52244.19-54096.09+\\62242.67-62296.62-60573.68+63195.07\end{array}}{4} = 479.6025$$

4）诊断分析

根据上述实验仿真数据，通过统计实验分析技术，可以获得对各类实验数据的图形化分析结果，如图 5-7 和图 5-8 所示，并可以得出以下结论。

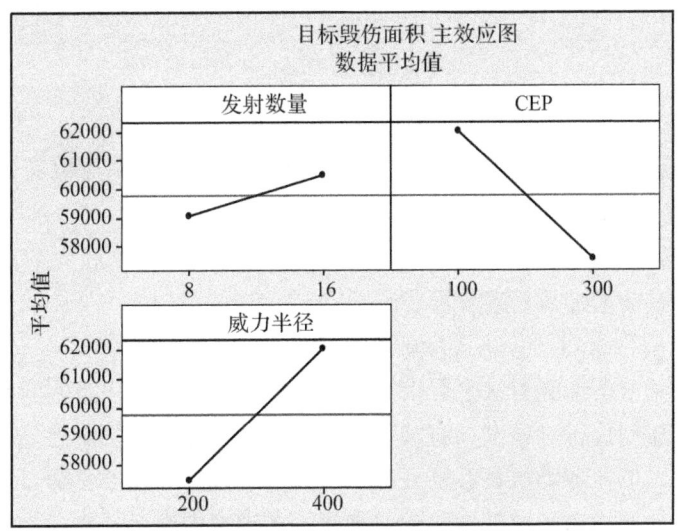

图 5-7 目标毁伤面积主效应图

（1）毁伤面积随发射数量、威力半径的增加而增加，随 CEP 的增加而降低，三个因素中 CEP 与威力半径两个因素显示出较高的灵敏性。如图 5-7 所示。

（2）CEP 和威力半径之间的关联性明显，如图 5-8 所示，威力半径能够达到 400 m 时，CEP 显示出对任务目标的弱敏感性；而当 CEP 达到 100 m 时，威力半径显示出对任务目标的弱敏感性。

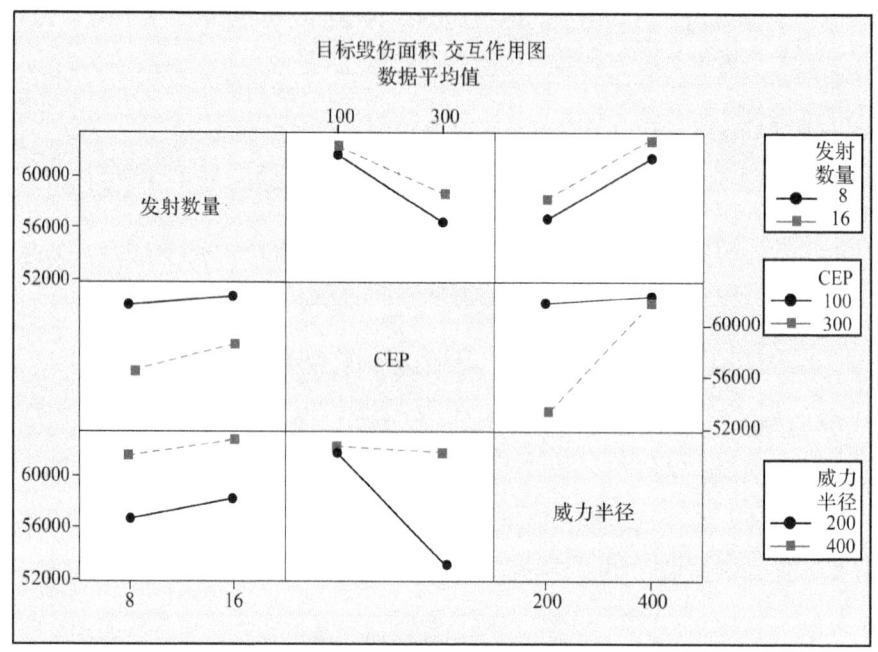

图 5-8　目标毁伤面积交互作用图

5）诊断结论

（1）CEP 对任务完成度具有较高的敏感度，减小 CEP 可以有效提高目标的毁伤面积；

（2）CEP 与导弹发射数量具有较高的关联性，在 CEP 较大时增加导弹发射数量可以有效增加目标毁伤面积；

（3）发射数量对任务完成度敏感度较低。

前述三类分析诊断方法主要偏重于对获取的最终静态仿真实验数据进行分析。由于作战计划执行过程中具有极强的时效性，因而在采用前述分析诊断方法的同时，可以依托各类仿真系统开展作战计划动态过程诊断，通过对实时计划推演数据和动态推演回放数据的深钻细研，在动态中观察计划的推进过程，判断和分析计划出现的问题。本书对此类方法不做深入研究。

5.2　基于任务指标需求空间的指标分析诊断方法

在作战计划的分析中，当计划无法有效达成作战任务或计划有进一步的优化需求时，通常需要对计划存在的问题作进一步的诊断分析。5.1 节所介绍的各类诊断方法主要用于发现计划中各类计划参量与实验特性指标之间的关联性分析。本节提出基于任务指标需求空间的指标分析诊断方法,用于发现任务特性指标与任务指标之间的关联关系。

5.2.1 敏感性分析

在4.3.1节中提出用计划的有效性测度来衡量作战计划完成的效果,即通过计算同一计划中不同仿真实验样本数据落入由专家意见拟合而成的多维需求空间样本数,或用实验指标向量点到任务指标需求空间面的距离来确定计划有效性。而在了解计划有效性的基础上,我们往往需要了解各任务特性指标与任务指标之间的关联关系,才能够为后续的任务优化提供准确的优化指导。

基于任务指标需求空间的指标分析诊断方法是通过对比变化后样本数据的有效性与原数据有效性的变化率,来获得不同任务特性指标与任务指标之间描述关系的方法。这个过程我们定义为实验指标的敏感性分析。敏感性分析一般通过实验设计方法,将单项任务特性指标作微小变动后,比较输出任务指标的相应变化量来实现。如图5-9所示其中图5-9(a)表示当在我方损失的任务指标上产生一定变化时,任务有效性测度的变化情况,图5-9(b)表示在敌方毁伤的任务指标上产生一定变化时,任务有效性测度的变化情况。为明确分析实验指标的敏感性,通常将指标值的 $\pm K\%$ 作为扰动变化量。

敏感性分析的算法可以表示为

$$Js_i^{(1)} = \frac{\partial \left(\int_{pl} f(p,e) \, dq \right)}{\dfrac{\int_{pl} f(p,e) \, dp}{\dfrac{\partial e_i}{e_i}}} \tag{5.1}$$

式中:pl 为指标需求空间;$f(p)$ 为仿真实验指标取值的联合概率密度;e_i 为实际指标 p_i 的期望值,是所要摄动的变量;$Js_i^{(1)}$ 表示连续实际指标基于重合度测度的敏感度数值。

如果实验指标分布无法用 $f(p)$ 估算,则灵敏度评估算法为

$$Js_j^{(2)} = \frac{\dfrac{1}{n}\sum_{i=1}^{n} \mathrm{IN}(q_{ji}) - \dfrac{1}{n}\sum_{i=1}^{n} \mathrm{IN}(p_i)}{\dfrac{\dfrac{1}{n}\sum_{i=1}^{n} \mathrm{IN}(p_i)}{K\%}} \tag{5.2}$$

作战计划仿真实验评估分析方法

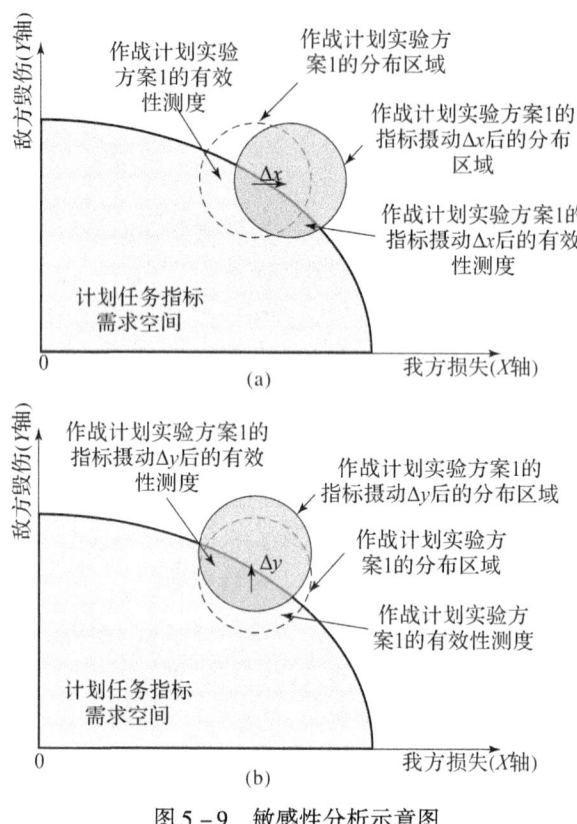

图 5-9 敏感性分析示意图

式中：n 为实验指标取值重复样本数；p_i 为扰动前实验指标的取值集合；q_{ji} 表示 p_i 第 j 维增加 $K\%$ 后的点，为扰动后实验指标的取值集合；$IN(p_i)=1$，如果 p_i 在 PL 内。否则 $IN(p_i)=0$；$IN(q_{ji})=1$，如果 p_i 在 QL 内。否则 $IN(q_i)=0$；$Js_j^{(2)}$ 表示离散实际指标基于重合度测度的敏感度性数值。

5.2.2 协调性分析

协调性是用于衡量对任务指标有影响的各任务特性指标之间彼此和谐一致的程度，是用来衡量计划任务完成度的协调性的一个测度。例如，在多指标任务的评价中既要获得较好的打击效果，又需要尽量减少损失。那么在计划诊断过程中，打击效果和损失都适中的计划，就要比打击效果特别好，损失代价又特别大的计划协调性测度好。

假设有 N 个实验指标，则其指标协调性 E 的计算公式为

$$\begin{cases} E = \sum_{i=1}^{N} -\cos^2\theta_i \log_2 \cos^2\theta_i \\ \cos\theta_i = \dfrac{|S_i - Y_i|}{\sqrt{(S_1-Y_1)^2 + (S_2-Y_2)^2 + \cdots + (S_i-Y_i)^2}} \end{cases} \quad (5.3)$$

式中：S_i 表示指标向量点 P 第 i 个指标值；Y_i 表示需求空间上距离 P 最近的点的第 i 维取值；N 表示指标向量点维数；θ_i 为向量 $\boldsymbol{Y_i S_i}$ 与向量 $\boldsymbol{YS}$ 之间的夹角。

例如，在对不同打击目标效果的评估中，协调性能够反映对目标打击的均衡度，避免出现各目标打击效果存在巨大差异的情况。如图 5-10 所示，任务综合完成度向量点 P 到需求空间的最短向量为 $\boldsymbol{L}$，θ_1、θ_2 分别是向量 $\boldsymbol{L}$ 与两个坐标轴的夹角，$\cos^2\theta_1 + \cos^2\theta_2 = 1$。

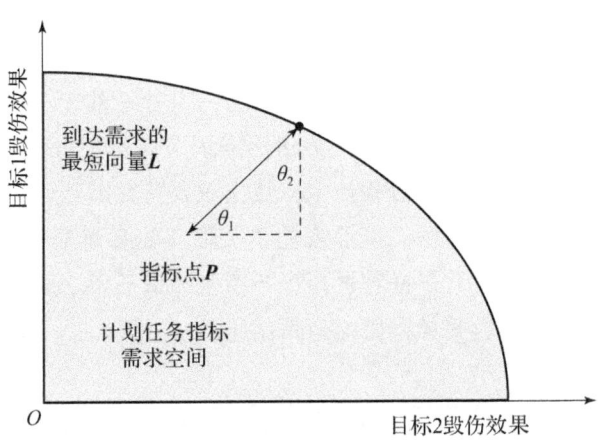

图 5-10　协调性分析示意图

由式得，任务综合完成度指标协调性 $E = -\cos^2\theta_1 \log_2 \cos^2\theta_1 - \cos^2\theta_2 \log_2 \cos^2\theta_2$，可以得出 θ_1 与 θ_2 差异越大，指标协调性测度 E 值越小。极端情况下，当两个角分别为 90° 和 0°，$E = -1$，为最小值，两个指标最不协调；当两个角都是 45° 时，$E = 1$，为最大值，两个指标最协调。

第 6 章

作战计划仿真实验优化方法

对作战计划进行优化，其核心目标是在保证计划可行性的基础上，使计划的效能越高越好，风险越低越好。但囿于兵力、资源、时间的限制及计划执行过程本身和外部环境存在的不确定性，寻找计划的最优解是非常困难的。因此在明确的任务需求下，通过优化方法，获得计划的可行解是作战计划优化的主要实现途径。本章提出两种仿真实验优化方法。一种是基于正交抽样设计的优选性实验优化方法，另一种是基于任务指标需求空间的提升性计划优化方法。两种方法都是基于实验设计和分析技术，找出重要特性因素对实验结果的影响规律从而实现计划优化的方法。但前者主要关注实验参量对计划效果的影响，后者则综合考虑任务指标、任务特性指标与实验参量三者之间的关系，基于三者的关联模型对计划进行整体调整与效果优化。

6.1 基于正交抽样设计的实验优化方法

正交抽样设计是用于多因素实验的一种常用方法，是实验设计的主要方法之一。它从全面实验中挑选出具有"均匀"和"整齐"特性的部分有代表的点进行实验，具有极高的实验效率。基于正交抽样设计的实验优化方法是通过对计划中可控因素进行正交实验设计，在对仿真结果进行实验分析的基础上，获取实验因素最佳组合的一种优选性优化方法。本节通过空中打击作战计划的方案优选过程，来说明基于正交抽样设计的实验优化方法在计划仿真实验优化中的作用。

6.1.1 方法步骤

基于正交抽样设计的实验优化方法是基于实验设计与分析技术的一种优选性计划优化方法。其方法步骤如图 6-1 所示。

第 6 章　作战计划仿真实验优化方法

第一步：根据计划任务的分析需求开展实验设计，在确定了实验指标以及实验参量的基础上，基于正交抽样设计完成实验点设计；

第二步：进行仿真实验推演，获取计划的仿真实验推演数据；

第三步：进行实验分析。内容如下。

（1）开展综合可比性分析，以确定计划实验参量的最佳水平组合；

（2）开展极差分析，以确定各实验参量的敏感度；

（3）开展水平均值图分析，以确定各实验参量的变化趋势。

第四步：根据上述三类分析结果，综合得出计划的优化建议。

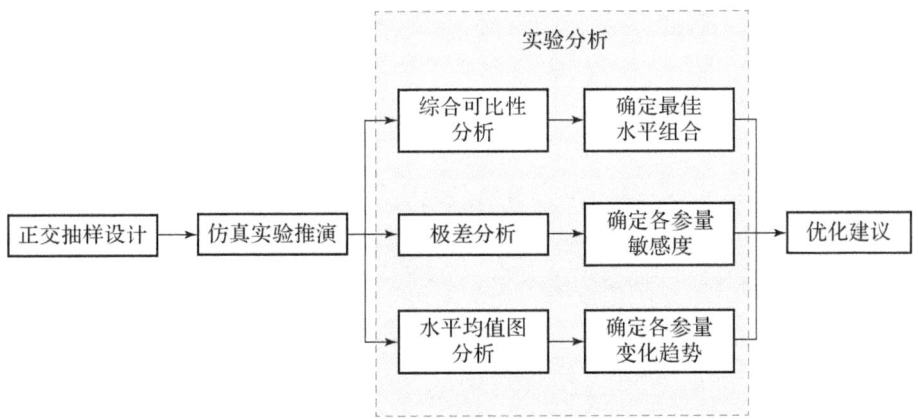

图 6-1　基于正交抽样设计的实验优化方法实施步骤

6.1.2　方法实例

本例研究中以红方先期打击效果，蓝军应对策略和蓝军末端信息防护效果为实验参量进行分析，以对敌目标的综合毁伤度作为计划实验指标进行实验分析研究。具体实验背景及指标、参量的详细设计过程见 7.1 节和 7.2 节。

6.1.2.1　正交抽样设计

1）明确实验目的

在本例中实验的目的是优选出空中打击作战计划的最佳方案，即对实验参量水平组合进行优选。

2）明确实验指标

实验指标用来判断实验因子水平组合的好坏，本例使用计划的综合任务完成度 $D_{总}$ 作为实验指标输出。其中 $D_{总} = \frac{1}{18} \sum_{i=1}^{18} D_i$，$D_i$ 为计划打击的 18 个打击目标的单项任务完成度。

3）确定实验因子与水平

根据各因子的可能取值范围与研究要求，实验因子及其水平的设计如表6-1所列。

表6-1　因子水平表

	红军先期打击效果	蓝军末端信息防护效果	蓝军应对策略
水平1	100%	60%	积极应对
水平2	75%	40%	保守应对
水平3	50%	20%	—
水平4	25%	0（无效）	—

4）选用合适的正交表，并设计实验表头

根据在实验中所考察的因子水平数选择具有该水平数的可用正交表，再根据因子的个数具体确定使用的正交表。本例实验采用$L_{16}(2 \times 4^2)$混合正交实验表，即采用1个二水平和2个四水平的混合正交实验进行16次实验，表头设计形式如下所列。

表头设计	红军先期打击效果	蓝军末端信息防护效果	蓝军应对策略
$L_{16}(2 \times 4^2)$			

5）列出实验计划

根据实验设计，列出实验计划，如表6-2所列。

表6-2　实验计划与实验结果

实验号	因子			$D_{总}$
	红军先期打击效果	蓝军末端信息防护效果	蓝军应对策略	
1	100%（1）	60%（1）	策略一（1）	0.16
2	100%（1）	40%（2）	策略一（1）	0.50
3	100%（1）	20%（3）	策略二（2）	0.75
4	100%（1）	无效（4）	策略二（2）	0.81

续表

实验号	因子			$D_总$
	红军先期打击效果	蓝军末端信息防护效果	蓝军应对策略	
5	75%（2）	60%（1）	策略一（1）	0.16
6	75%（2）	40%（2）	策略一（1）	0.43
7	75%（2）	20%（3）	策略二（2）	0.64
8	75%（2）	无效（4）	策略二（2）	0.77
9	50%（3）	60%（1）	策略二（2）	0.10
10	50%（3）	40%（2）	策略二（2）	0.35
11	50%（3）	20%（3）	策略一（1）	0.54
12	50%（3）	无效（4）	策略一（1）	0.60
13	25%（4）	60%（1）	策略二（2）	0.02
14	25%（4）	40%（2）	策略二（2）	0.12
15	25%（4）	20%（3）	策略一（1）	0.22
16	25%（4）	无效（4）	策略一（1）	0.25

6）仿真实验和实验结果记录

在同一水平组合下进行 30 次重复实验，取平均值并记录实验结果数据，见表 6-2 最后一列。

6.1.2.2 综合可比性分析

综合可比性分析可以回答因子取什么水平组合是最好的问题。对本例来讲，如表 6-3 所列，从所有实验结果的比较可以看出第 4 号实验结果 $D_总 = 0.81$ 最大，故可认为对应的水平组合 $A_1B_4C_2$ 最好。但由于实验设计采用的是正交抽样设计，只有 16 个实验组合。因此得出的最优组合在全部 $4 \times 4 \times 2 = 32$ 个实验中是否还能是最优解，可以通过对实验数据进行综合可比性分析来回答。

根据正交表的特点，我们将数据进行分组。通过计算各因子不同水平在所有组合下的平均水平，即可确定不同因子的最佳水平数。例如，在本例中通过计算 $\overline{T_{11}}$、$\overline{T_{12}}$、$\overline{T_{13}}$、$\overline{T_{14}}$ 之间的差异可以得出因子 A 最佳水平值为其一水平，因为其指标均值最大，如表 6-3 所列。

表6-3 直观分析计算表

表头设计	红军先期打击效果	蓝军末端信息防护效果	蓝军应对策略	$D_总$
序号	A	B	C	
1	1	1	1	0.16
2	1	2	1	0.50
3	1	3	2	0.75
4	1	4	2	0.81
5	2	1	1	0.16
6	2	2	1	0.43
7	2	3	2	0.64
8	2	4	2	0.77
9	3	1	2	0.10
10	3	2	2	0.35
11	3	3	1	0.54
12	3	4	1	0.60
13	4	1	2	0.02
14	4	2	2	0.12
15	4	3	1	0.22
16	4	4	1	0.25
T_1	2.22	0.44	2.86	
T_2	2.00	1.40	3.56	
T_3	1.59	2.15		
T_4	0.61	2.43		
$\overline{T_1}$	0.56	0.11	0.36	
$\overline{T_2}$	0.50	0.35	0.45	
$\overline{T_3}$	0.40	0.54		
$\overline{T_4}$	0.15	0.61		
极差 R	0.41	0.50	0.09	

同理可以获得指标 B 和 C 的最佳水平值。最终通过分析得出使指标达到最大的水平组合是$A_1B_4C_2$。

6.1.2.3 极差分析

一个因子的极差是该因子各水平均值的最大值与最小值的差。因子对指标影响程度的大小，即其敏感度的分析可从分析各个因子的"极差"来实现。极差越大，说明因子变化对指标的影响效果越明显。

如表 6-3 所列，在本例中各因子的极差分别为：$R_A = 0.61 - 0.15 = 0.41$；$R_B = 0.61 - 0.11 = 0.5$；$R_C = 0.45 - 0.36 = 0.09$。

从三个因子的极差可知因子蓝军末端信息防护效果的影响最大，即敏感度最强。其次是红军先期打击效果因子，而因子蓝军应对策略的敏感度最低。

6.1.2.4 水平均值图分析

应用实验数据还可通过分析工具生成因子的水平均值图。如图 6-2 所示，从图上可以明确地看出每一因子的最高水平分别为 A_1、B_4、C_2，和每个因子水平间的最大差异。同时还可分析实验参量变化是否存在拐点。例如，红方先期效果降低到 50% 后，计划任务的综合完成度存在一个拐点，即任务完成度将会快速下降；而蓝方末端信息防护效果降至 20% 时，计划任务的完成度变化趋势变缓。因而在计划优化，特别是稳健性优化中，应对这两个因素的拐点予以关注。

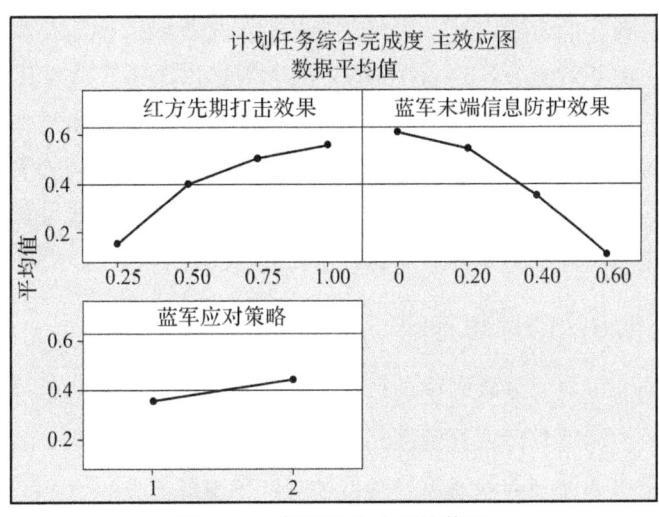

图 6-2 各因子的水平均值图

6.1.2.5 优化建议

综合上述分析，可以得出如下结论。

（1）最佳或满意的水平组合。

在本例中最好的水平组合是$A_1B_4C_2$。即在红方先期打击效果达到100%，敌方末端防护效果无效，且敌方采用消极应对策略时，计划方案为所有水平中的最优解。

（2）因子的敏感性。

敌方末端防护效果是主要因子，其具有最大的敏感性。红方先期打击效果次之，蓝军的应对策略敏感性最低。

（3）为提高打击效果，保证计划任务完成度的稳健性，应确保红方先期打击效果达到50%，并应采取手段降低敌方末端信息防护效果至20%以下，以降低对我作战效果影响。

6.2 基于任务指标需求空间的实验优化方法

6.1节提出的基于正交抽样设计的实验优化方法，可以优选出所有计划方案中的最优解。然而在实际作战问题研究中，对于计划的优化通常要受到兵力、资源、时间、付出代价等多方面因素的限制。再加上来自外部环境和计划执行过程本身存在的不确定性，很难获得计划的最优解。例如，在6.1节得出的最优方案，需要对敌方达到100%的先期火力打击效果，这对兵力使用和外部不确定性的把握两个方面都提出了非常高的要求。本节提出的基于任务指标需求空间的实验优化方法，从任务指标和实验参量两方面综合着手，立足于在不增加现有兵力和资源，或在增加较少兵力资源的条件下，通过对计划要素的优化配比调整来获得计划方案的满意解。

6.2.1 优化方法的思想基础

由于计划的可行性具有明确的约束条件，因而计划优化的实现难度主要来自对计划有效性测度和计划稳健性测度的优化。要完成上述两个测度的优化任务，其本质是增加计划的效能值和降低计划的风险度。

在4.3.1节中，本书提出的基于任务指标需求空间的计划评估方法是将实验指标分布区域与任务指标需求空间的重叠部分多少作为衡量计划有效性的测

第 6 章　作战计划仿真实验优化方法

度，因此在不增加兵力、资源等条件的基础上提高计划的有效性测度，降低计划的风险性可以通过以下两个途径实现。

（1）如图 6-3（a）所示，通过实验设计调整实验参量的取值，使计划任务完成度的均值趋向于任务需求目标值，即保证计划的有效性。数学表达式为

$$\delta_y = |\bar{y} - y_0| \to \min \text{ 或 } \delta_y^2 = (\bar{y} - y_0)^2 \to \min \tag{6.1}$$

（2）如图 6-3(b)所示，通过调整实验参量，降低其对风险因素的容差，或如图 6-4 所示利用非线性效应，通过合理选择实验参量的取值范围，最终使由于各种不确定性因素引起的任务完成度波动的方差尽可能小，即保证计划的稳健性。数学表达式为

$$\delta_y^2 = E\{(\bar{y} - y_0)^2\} \to \min \tag{6.2}$$

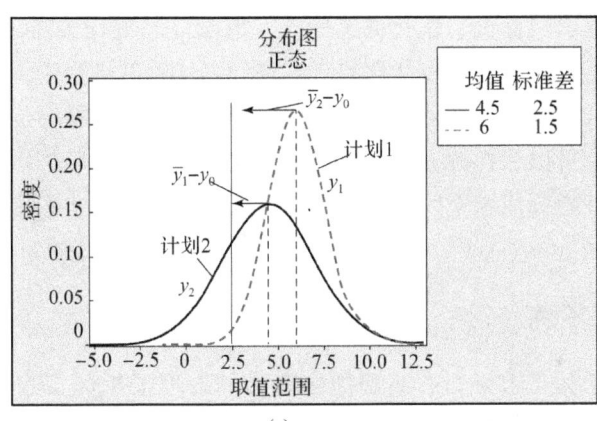

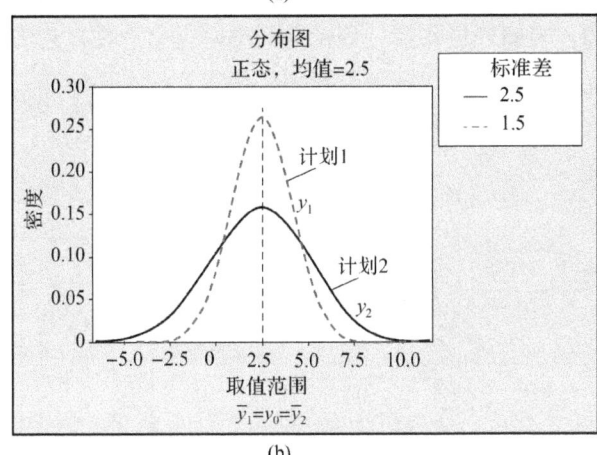

图 6-3　计划完成度的特性波动

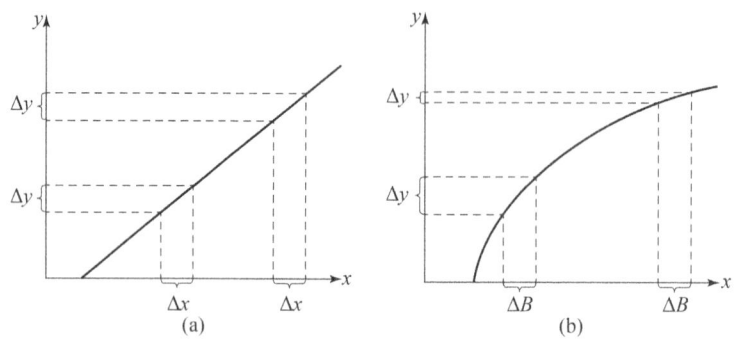

图 6-4　非线性对计划完成度波动的影响

上述实现途径，是正向优化思路。而从优化设计的逆向思路上可以归纳为：确定任务需求目标值、优化调整任务完成度（趋近任务需求目标值）、优化实验参量，达到任务完成度优化要求。在计划优化的过程中，往往我们首先获得的是一个较为明确的任务需求目标值，根据任务需求目标建立一种逆向的优化分析方式，可以为指挥人员进行计划优化提供更为明确的研究思路和方法支撑。基于任务指标需求空间的实验优化方法正是基于上述思想提出的一种逆向优化分析方法。

6.2.2　方法步骤

基于任务指标需求空间的实验优化方法是处理多指标实验优化的一种方法。在作战计划的优化中，兵力与资源是相对有限的，而武器装备的性能也是具有一定限制的。因而开展作战计划优化的准则是争取在对现有使用资源不做过大增加的情况下，通过优化资源配置来获得满意解，而不是一味地依靠增加资源来获得满意解。其方法步骤如图 6-5 所示。

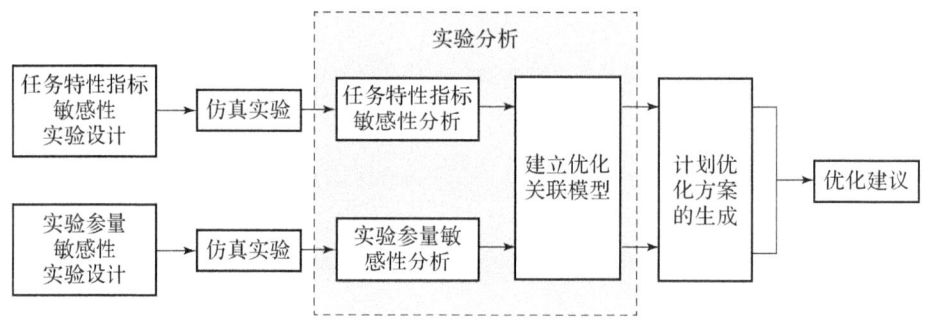

图 6-5　基于任务指标需求空间的实验优化方法实施步骤

第6章 作战计划仿真实验优化方法

6.2.2.1 任务特性指标的敏感性分析

在第4章已经阐述了各种类型指标需求空间的构建方法，在确定了任务指标需求空间的基础上，可对不满足任务指标要求，或虽然满足任务指标要求，但在不确定作战条件下具有较低的有效性和稳健性的计划进行优化。

如图6-6所示，A_1、A_2、A_3、A_4都可以提高计划的有效性或稳健性。而在作战应用中由于兵力、武器数量或装备性能的限制，在所有指标方向上同时进行优化，往往是不现实的。例如，图6-6中的A_2方案具有最好的任务完成度，但它要求同时优化指标1和指标2，因此对资源与性能提出了极高要求。A_1和A_3两种方案都是在保持一个指标不变的情况下，优化另一个指标以达到计划优化目的，而A_4方案由于实验指标空间的非线性，在提高了指标1要求的同时适度放松了指标2的要求，因而是代价最小的优化方案。图6-6示意性地介绍了基于任务指标需求空间的任务特性指标的优化分析原理，其实现过程可通过应用5.2节所述的指标分析诊断方法，对实验指标进行浮动性实验设计，并开展仿真实验。继而基于需求空间对仿真实验数据进行分析，确定各个任务特性指标的敏感度。

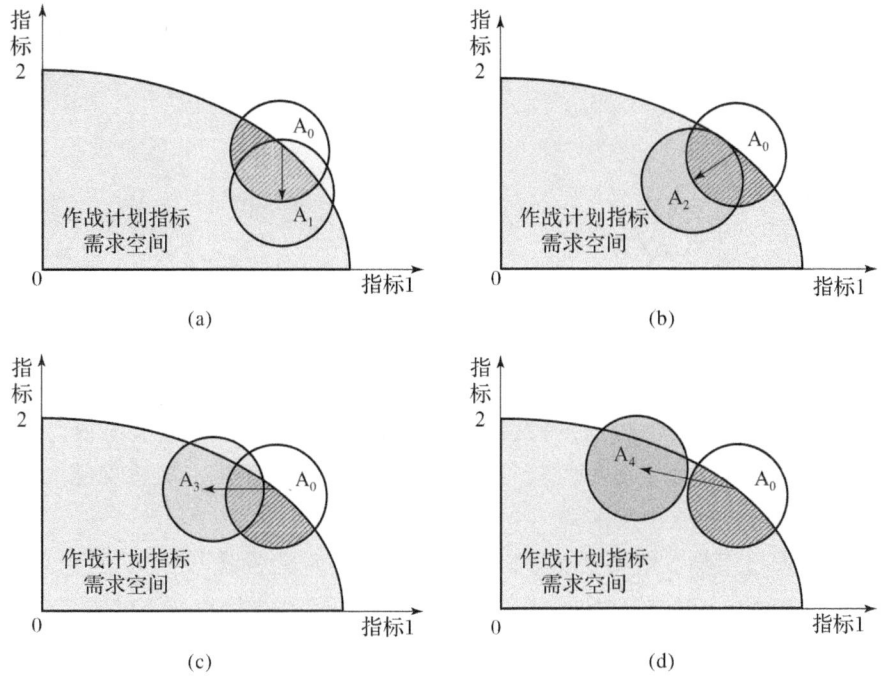

图6-6 基于任务指标需求空间的任务特性指标的优化分析原理

6.2.2.2 实验参量的敏感性分析

在 5.1 节中介绍了四种常用的分析诊断方法，都可用于实验参量的敏感性分析。特别是基于 2^k 因子设计的效应分析方法，可以对各个实验参量的敏感性进行分析并得出结论。方法详见 5.1.4 节。通过对实验参量进行浮动性实验设计，能够获得各实验参量的敏感性度量。

6.2.2.3 优化关联模型的建立

通过任务特性指标的敏感性分析和实验参量的敏感性分析，可建立实验参量 – 任务特性指标 – 任务完成度优化关联模型，如图 6 – 7 所示。

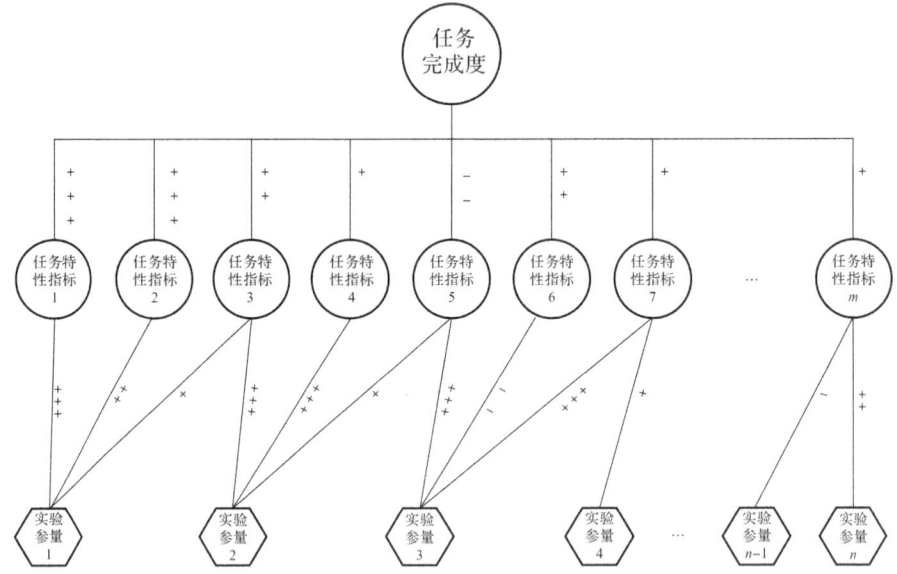

图 6 – 7 基于任务指标需求空间的实验参量优化分析

(1) 通过实验任务特性指标的灵敏度分析，可以确定各因素对任务完成度的影响度及影响方向。其中，"+"表示任务特性指标对任务完成度具有正向调节作用，"–"表示任务特性指标对任务完成度具有反向调节作用。"+"或"–"的数量表示任务特性指标对任务完成度的敏感度，敏感度越大，则"+"或"–"的数量越多。

(2) 通过实验参量灵敏度分析，可以确定各实验参量与任务特性指标之间的关联关系。其中"+"表示实验参量对任务特性指标具有正向调节作用，"–"表示实验参量对任务特性指标具有反向调节作用。"+"或"–"的数量表示实验参量对任务特性指标的敏感度，敏感度越大，则"+"或"–"

的数量越多。

在作战计划的评估、诊断和优化研究中，很难建立准确的解析公式来描述实验参量 – 任务特性指标 – 任务完成度之间的关联关系。但是通过仿真实验的方法，可以对实验参量和实验指标做相同比例的扰动实验设计，例如，对实验参量和实验特性指标的取值加 ±10% 的扰动，通过 2^k 实验设计进行仿真实验。基于仿真实验可以获得实验参量和实验特性指标敏感度的描述规律，定性或定量地确定各指标对上一级指标的影响程度，我们使用"＋"或"－"的数量表示指标或参量敏感度的大小。

6.2.2.4 计划优化方案的生成

根据优化关联模型，综合分析任务特性指标敏感性和实验参量敏感性，进而确定计划的优化方案。其优化过程所遵循的原则如下。

第一，选择灵敏度高的正向影响因素作为主调节因素，以期以较小的资源代价获取实验方案满意解。

第二，通过增加对任务完成度具有高灵敏度影响作用的任务特性因子的资源配比，同时降低对任务完成度具有低灵敏度影响作用的任务特性因子的资源配比，来以基本不变的总资源支出获得满意的优化方案。

如图 6 – 7 所示，由于任务特性指标 1 对任务完成度具有最大的灵敏度，因而可优先选用任务特性指标 1 作为计划优化指标因素；同理可优先通过增加实验参量 1 来优化任务特性指标 1，进而获得满意的任务度。但是，由于完成任务的资源是有限的，在增加实验参量 1 的前提下，必须减少其他参量的资源使用量，因而我们需要首先找到对任务完成度影响不十分敏感的因素，例如，任务特性 7，确定对其不十分敏感的实验参量 4 进行资源配置的减少性调整，最终以不变或较小的资源调整获得满意解。

以上介绍的是基于任务指标需求空间的实验优化基本思路，其优化过程是辅助计划分析人员的一种参考与启示，尚不能实现完全自动化的优化。

如果实验参量，任务特性指标和任务完成度之间的影响关系，可以在局部上用精确的量化值来表示，而且实验参量的变化影响关系，也可以用线性的约束来表示，则可以应用线性回归，采用自动化寻优的优化方法生成计划优化方案。

我们设：

实验因子：$D(1,2,\cdots,N)$（$1 \times N$ 矩阵）

实验指标：$I(1, 2, \cdots, M)$（$1 \times M$ 矩阵）

任务目标完成度：$T(1,2,\cdots,K)$（$1\times K$ 矩阵），实验方案完成任务的评估测度。

设通过上两节的方法求出了任务目标与实验指标的线性影响矩阵 S（$M\times K$ 矩阵，在局部上可以近似为线性，矩阵每一个元素代表灵敏度值，可通过前两节的灵敏性分析模型计算得出，图 6-7 用定性的 +、- 号来概略表示）以及实验指标与实验因子的影响关系矩阵 Q（$N\times M$ 矩阵，可以用 2^k 实验回归方法获取，图 6-7 用定性的 +、- 号来概略表示），图 6-7 用定性符号描述上述两种关联关系，这样：

$$\Delta D \times Q = E(\Delta I) \tag{6.3}$$

$$E(\Delta I) \times S = \Delta T \tag{6.4}$$

式中：ΔD 表示实验因子的变化量；ΔI 表示相应实验指标的变量；$E(\Delta I)$ 实验指标变量的期望值；ΔT 表示任务目标完成度的变化量。很显然，$\Delta D \times Q \times S = \Delta T$。另外，假设实验变量符合以下约束关系，$\Delta D \times C \leq B$，$C$ 是约束矩阵，B 表示约束值，通过约束，避免了无效的实验变量优化方向，例如资源有限的情况下，不可能同时增加资源，只能调整资源分配。这样每一步实验因子的迭代方向都可以求解一个线性规划来获取，如下：

$$\begin{cases} \max(\Delta D \times Q \times S) \\ \text{s.t.} \quad \Delta D \times C \leq B \end{cases} \tag{6.5}$$

通过求解这一线性规划，可以获取局部的优化方向，然后反复迭代直到找到满意解。

6.2.3 方法实例

在空中进攻作战计划仿真实验评估分析中，常常面临需要在资源有限的情况下，综合运用兵力对多个目标的打击效果进行优化的问题。本部分以局部夺取制空权的计划优化案例说明仿真实验优化方法的实现过程。

步骤一：实验设计。

计划任务：夺取局部制空权。

实验指标：地面防空体系目标 A 毁伤效果、地面防空体系目标 B 毁伤、我飞机损失数量。

实验参量：目标 A 打击兵力、目标 A 空域掩护兵力、目标 B 打击兵力、目标 B 空域掩护兵力。

步骤二：任务指标需求空间的建立，方法见 4.2 节。

■ 第 6 章 作战计划仿真实验优化方法

步骤三：实验指标的敏感性分析，方法见 5.2.1 节。
步骤四：实验参量的敏感性分析，方法见 5.1.3 节。
步骤五：优化关联模型的生成。

通过上述四步，可以建立本次实验的实验参量 – 任务特性指标 – 任务完成度优化关联模型，如图 6 – 8 所示。

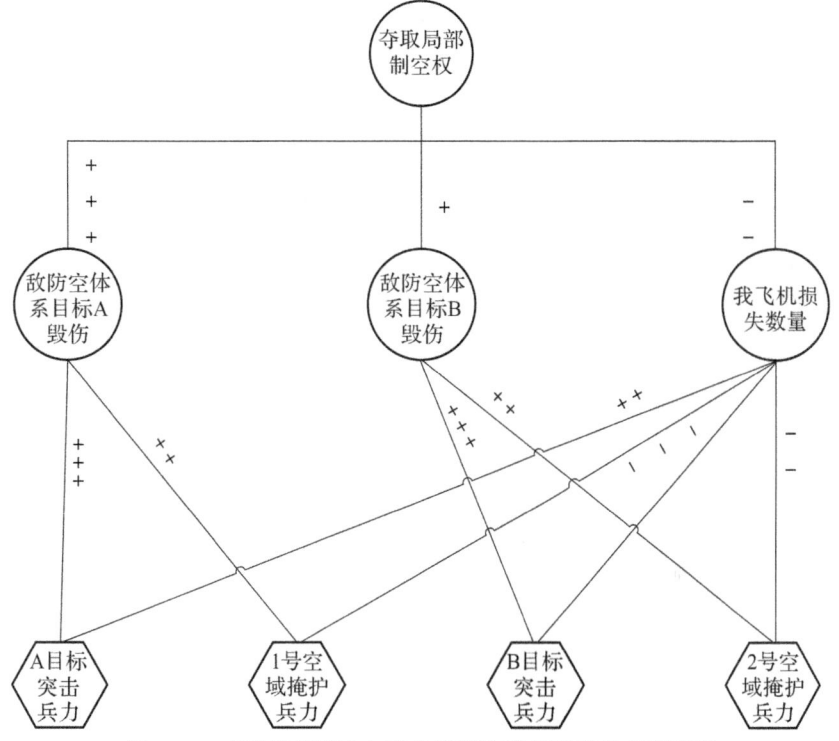

图 6 – 8 夺取局部制空权优化案例实验指标优化关联模型

步骤六：计划的仿真实验优化。

基于步骤五建立的实验参量 – 任务特性指标 – 任务完成度优化关联模型，可对计划实施优化。

（1）确定对任务指标具有较高敏感度的实验指标为优化指标。

从图 6 – 8 可以看出，敌防空体系目标 A 对于整个计划任务的完成具有较高的正向敏感度，我飞机损失数量对任务指标具有较强的反向敏感度，敌防空体系目标 B 对任务目标敏感度较低。根据此实验分析结论可以知道提高目标 A 的毁伤效果可以较快地将任务指标调整至需求空间之内。

（2）选择对优化实验指标具有较强敏感度的实验参量进行优化调整。

基于上面的分析结论，我们根据指标关联模型找到对目标 A 有影响的实验因素。通过前面的实验分析结论可知，A 目标的突击兵力数量对 A 目标的毁伤效果具有较强的正向敏感度。因而可以优先考虑增加 A 目标的突击兵力。

（3）确定对任务指标具有较低敏感度的实验指标为优化辅助指标。

在兵力资源有限的情况下，增加 A 目标的突击兵力数量就需要减少对其他目标作战兵力数量，也就意味着会降低其他目标的毁伤效果。为了保持局部夺取制空权任务的完成，应选取对夺取局部制空权具有较小敏感度的实验指标 B 作为优化辅助指标，降低其毁伤效果。因为目标 A 的毁伤效果敏感度远大于目标 B 的敏感度，因而夺取局部制空权的总体任务效果还是增加的。

（4）选择对优化辅助指标具有较弱敏感度的实验参量进行优化调整。

基于第三步的结论，根据指标优化关联模型找到对优化辅助指标即目标 B 具有较弱敏感度的实验参量，减少其兵力使用数量。被减少的部分兵力可调整用来增加打击目标 A 的兵力。但调整时要考虑与需增加兵力匹配的弱敏感度实验参量。在本例中，由于兵力类型不一致，可能需要退一步选择敏感度较高的目标 B 突击兵力进行调整。

如上描述所示，可以看出作战计划仿真实验优化方法的思路是按照"强－强－弱－弱"的优化原则进行的。表 6-4 比较了田口稳健优化方法与基于任务指标需求空间方法的不同之处。

表 6-4　田口稳健优化方法与基于任务指标需求空间方法的比较

	田口稳健优化方法	基于任务指标需求空间的方法
实验指标数	单个指标，或者是多个指标可以集结为单个指标	多个指标
评估测度模型	望大，望小，望目解算模型	基于需求空间的"面权""体权"评估解算模型
优化原则	正交实验优化，合理组合实验因子，使结果具有稳健性	多阶段迭代优化，在资源冲突条件下，优化高灵敏度的实验指标，放松低灵敏度的

第 7 章

作战计划仿真实验评估分析实例

作战实验方法的出现为军事科学研究提供了全新的研究视角和有效的科学手段。本章基于作战计划仿真实验评估分析框架就空中打击作战计划进行仿真实验评估分析的实践性研究。

7.1 实验指标与实验因子设计

7.1.1 实验问题

空中打击计划以夺取制空权为主要作战目标,通过打击敌地面防空体系和主要机场达成作战目标。通过对作战计划在风险性影响因素有效性的实验分析,分析计划打击重心及其合理性,并据此提出计划优化完善意见建议,开展多轮实验予以实验验证。

空中打击行动计划基本案共包括18个打击目标,如表7-1所列。

表7-1 打击目标表

序号	突击目标	序号	突击目标
1	目标1 制导雷达	8	目标8 制导雷达
2	目标2 制导雷达	9	目标9 雷达站
3	目标3 制导雷达	10	目标10 雷达站
4	目标4 制导雷达	11	目标11 地下发射堡
5	目标5 制导雷达	12	目标12 地下发射堡
6	目标6 制导雷达	13	目标13 地下发射堡
7	目标7 制导雷达	14	目标14 跑道

续表

序号	突击目标	序号	突击目标
15	目标15 跑道	17	目标17 跑道
16	目标16 跑道	18	目标18 跑道

7.1.2 实验指标

实验研究中将对地突击效果综合任务完成度作为实验的综合指标。如图7-1所示，通过与毁伤标准的对比，获得每次仿真中单个目标毁伤效果任务完成度 d_{ij}，通过对多次仿真数据进行处理，获得在每个实验点下每个目标的平均毁伤效果任务完成度 D_i，再对18个打击目标的毁伤效果任务完成度进行综合，从而获得作战计划的实验综合指标——对地突击效果综合任务完成度 $D_{总}$。

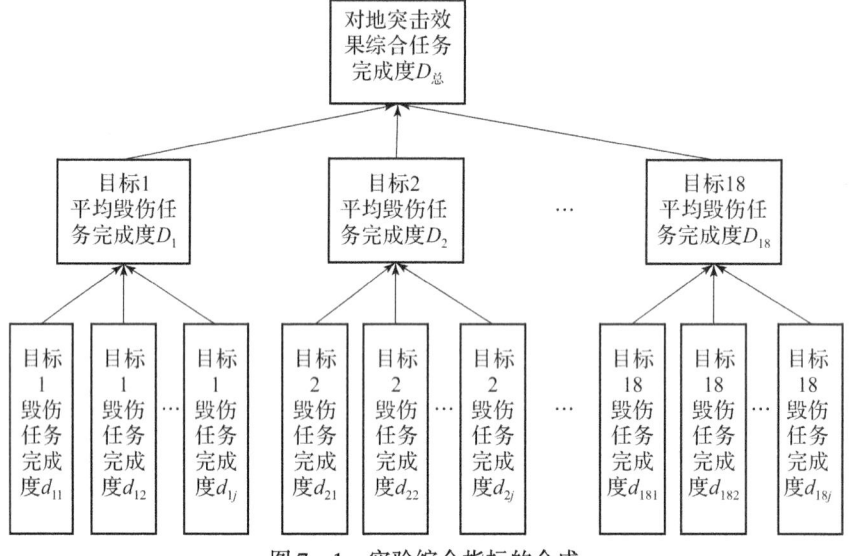

图7-1 实验综合指标的合成

7.1.3 实验因子

经过实验筛选，实验研究选择红军先期打击效果、蓝军应对策略与蓝军末端信息防护效果三个不确定性因素作为实验因素。

7.1.3.1 红军先期打击效果

先期打击达成的目的主要包括：一是预先压制敌防空体系，包括对敌机场、地空导弹、预警雷达等目标实施压制，为空中作战力量取得局部制空权，减少突防损失；二是对重要目标实施打击，与空中打击共同达成作战目的。先期打击效果直接影响空中作战行动得失，影响打击的成败。实验以先期打击目标的完好程度作为变量，通过设置不同的完好程度描述先期打击效果，进而模拟仿真对空中作战行动效果的影响。实验将其完好程度分别设为100%、75%、50%、25%，以此作为模拟的初始条件。

7.1.3.2 蓝军应对策略

打击任务完成与否，与蓝军应对策略相关。蓝军应对策略包括地空导弹机动时机、航空兵抗击出动规模、抗击任务区分等。实验中首先根据对蓝军作战方案的研究，确定了蓝军基本应对策略。

策略一：当发现我打击征候时地空导弹1/2兵力依令完成机动准备对遭受打击的地区进行增援，1/2兵力在原阵地对实施防空拦截。策略二：当发现我首轮打击征候时，地空导弹按1/3兵力进驻战力保存点，1/3兵力依令完成机动准备对遭受打击地区进行增援，1/3兵力在原阵地对实施防空拦截。

7.1.3.3 蓝军末端信息防护效果

在实验中设置末端信息防护效果对我信息作战的影响，主要考虑对空警戒雷达电子诱饵防护效果对计划实施影响。具体设置末端信息防护效果设置为60%、40%、20%和无效，即仿真中我命中毁伤概率下降60%、40%、20%和0。实验因素的水平设计如表7-2所列。

表7-2 实验因素的水平设计

	红军先期打击效果	蓝军应对策略	蓝军末端信息防护效果
水平1	100%	策略一	60%
水平2	75%	策略二	40%
水平3	50%	—	20%
水平4	25%	—	0（无效）

7.1.4 实验点组合设计

如表7-3所列，实验采用全因子实验组合方法，对所有水平组合进行实

作战计划仿真实验评估分析方法

验研究,共有 $4 \times 2 \times 4 = 32$ 个实验点组合。按照实验点组合计划采用红蓝对抗方式,利用仿真实验系统,对实验点组合样本方案逐一进行多轮仿真模拟实验。基于每个实验点,进行 30 次仿真实验,共模拟 $32 \times 30 = 960$ 次,获得在 32 种实验点组合下对 18 个突击目标的毁伤效果数据($18 \times 32 \times 30 =$)17280 个。

表 7-3 专家任务需求规划数据表

序号	突击目标	毁伤要求				
		专家1	专家2	专家3	专家4	专家5
1	目标1 制导雷达	0.6	0.7	0.8	0.7	0.6
2	目标2 制导雷达	0.8	0.9	0.9	0.8	0.7
3	目标3 制导雷达	0.6	0.6	0.7	0.8	0.6
4	目标4 制导雷达	0.7	0.7	0.8	0.7	0.9
5	目标5 制导雷达	0.9	0.8	0.9	0.8	0.9
6	目标6 制导雷达	0.8	0.7	0.8	0.7	0.6
7	目标7 制导雷达	0.9	0.8	0.9	0.9	0.8
8	目标8 制导雷达	0.8	0.9	0.9	0.8	0.8
9	目标9 雷达站	0.6	0.7	0.7	0.6	0.6
10	目标10 雷达站	0.6	0.7	0.7	0.6	0.5
11	目标11 地下发射堡	0.5	0.4	0.6	0.5	0.4
12	目标12 地下发射堡	0.5	0.4	0.6	0.5	0.4
13	目标13 地下发射堡	0.6	0.5	0.6	0.5	0.6
14	目标14 跑道	0.4	0.6	0.5	0.5	0.4
15	目标15 跑道	0.5	0.3	0.3	0.4	0.5
16	目标16 跑道	0.4	0.3	0.3	0.5	0.5
17	目标17 跑道	0.4	0.3	0.5	0.3	0.5
18	目标18 跑道	0.4	0.3	0.4	0.5	0.5

7.2 计划的实验评估

7.2.1 实验需求空间的构建

根据作战任务要求,邀请5名军事专家对计划拟打击目标的任务完成度进行规划,如表7-3所列,应用主观型需求空间构建方法构建本次实验的需求空间如图7-2所示。

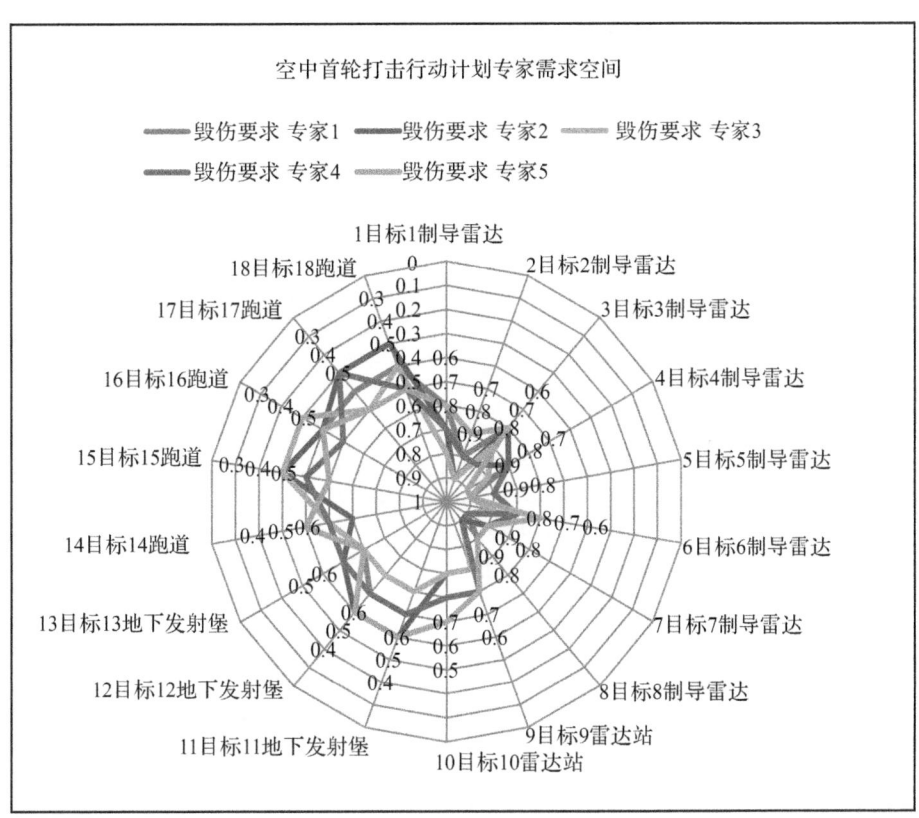

图7-2 各专家规划的主观型需求空间分布情况

7.2.2 基于需求空间的实验综合指标数据计算

通过专家评判后(设为5个专家),产生5个需求空间。这5个需求空间相互区别,又相互重叠。任务指标需求空间内某个区域在 N 个专家认定的需

作战计划仿真实验评估分析方法

求空间内,则该区域的重叠率为 $N/5$,即置信度为 $N/5$。本例中的任务指标需求空间为 18 维空间,运用前文提出的基于任务指标需求空间的多指标综合决策评估方法,获得各计划组合条件下方案的有效性指标值。如图 7-3 所示,在先期打击效果为 75%,蓝军采用应对策略一,蓝军的末端信息防护效果为 40% 实验条件下,通过 plot 命令绘制结果,得到该计划满足作战任务需求的有效性为 0.4333。同理获得 32 个实验点综合数据指标,如表 7-4 所列。

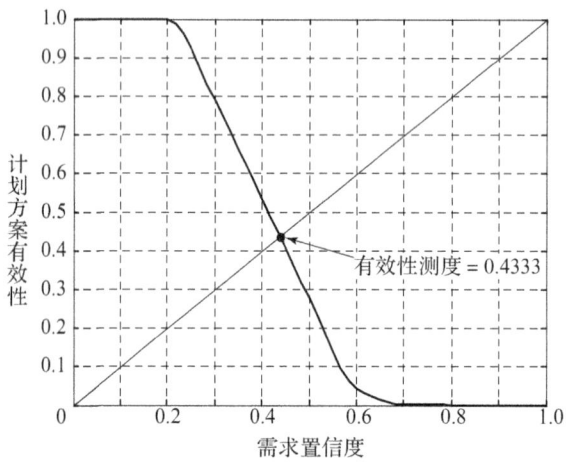

图 7-3　方案有效性测度示意图

表 7-4　计划实验点数据汇总表

序号	先期打击效果	蓝军应对策略	末端信息防护	对地突击综合任务完成度	序号	先期打击效果	蓝军应对策略	末端信息防护	对地突击综合任务完成度
1	100%	策略一	60%	0.16	9	75%	策略一	60%	0.16
2	100%	策略一	40%	0.50	10	75%	策略一	40%	0.43
3	100%	策略一	20%	0.89	11	75%	策略一	20%	0.83
4	100%	策略一	无效	0.95	12	75%	策略一	无效	0.91
5	100%	策略二	60%	0.10	13	75%	策略二	60%	0.08
6	100%	策略二	40%	0.40	14	75%	策略二	40%	0.40
7	100%	策略二	20%	0.75	15	75%	策略二	20%	0.64
8	100%	策略二	无效	0.81	16	75%	策略二	无效	0.77

续表

序号	先期打击效果	蓝军应对策略	末端信息防护	对地突击综合任务完成度	序号	先期打击效果	蓝军应对策略	末端信息防护	对地突击综合任务完成度
17	50%	策略一	60%	0.20	25	25%	策略一	60%	0.02
18	50%	策略一	40%	0.36	26	25%	策略一	40%	0.13
19	50%	策略一	20%	0.54	27	25%	策略一	20%	0.22
20	50%	策略一	无效	0.60	28	25%	策略一	无效	0.25
21	50%	策略二	60%	0.10	29	25%	策略二	60%	0.02
22	50%	策略二	40%	0.35	30	25%	策略二	40%	0.12
23	50%	策略二	20%	0.41	31	25%	策略二	20%	0.17
24	50%	策略二	无效	0.49	32	25%	策略二	无效	0.20

7.3 计划的实验诊断

7.3.1 计划实验数据的总体统计分析诊断

7.3.1.1 多实验点指标综合数据对比统计分析

作战计划的总体分析其主要任务是根据实验指标综合数据表，对作战计划实验指标进行总体评价和分析。通常可以借助统计分析方法并结合丰富的可视化图表进行。

如图7-4所示，图中显示了32个实验点的计划综合实验指标数据。

每4个数据一组中，任务完成度由低到高分布，表明随蓝方末端防护效果减小，任务完成度逐渐升高。说明蓝方末端信息防护效果对任务完成度具有反向影响关系。

每8个数据一组中，后四个数据的任务完成度分别比前四个数据略有下降，说明在蓝军策略一方案下的任务完成度略好于在蓝军策略二下的任务完成度。

随着先期火力打击效果的减小，任务完成度也呈减小趋势。说明先期打击效果对计划任务完成度具有正向影响关系。

除此之外，4个数据一组，每组任务完成度斜率有明显变缓趋势，初步判断先期火力打击效果与蓝方末端信息防护效果之间具有一定的交互影响关系，需要通过深入的特性分析予以确认。

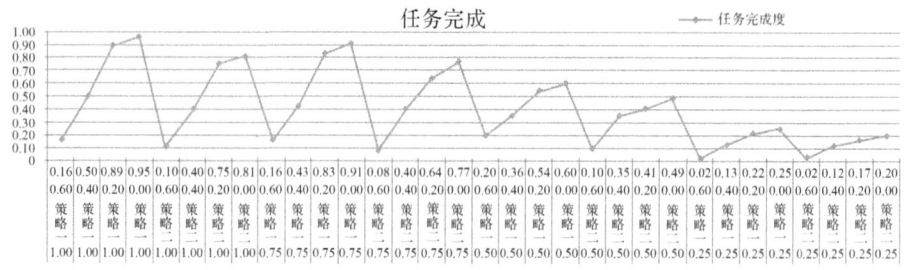

图7-4　计划的总体分析图

由于综合实验指标通常是由多个指标综合获得的结果，因此为获得更为详细、全面的计划评估信息，通常还会对具体的计划指标作进一步的分析。

7.3.1.2　多实验点多指标数据对比统计分析

如图7-5所示，使用多重柱状图对18个打击目标在不同实验点下的效果进行对比分析，可以获得对作战计划效果更为完善和全面的认识。图中深色代表作战任务要求，浅色代表实际完成任务情况。很显然，实验方案1的整体打击效果要好于实验方案6。同时这种直观的图表分析形式有利于指挥人员结合领域经验发现新的问题。例如，通过对打击目标打击效果的统计对比分析，可以看到目标1、2、3在方案6的打击效果上整体完成度都不好，通过对计划的

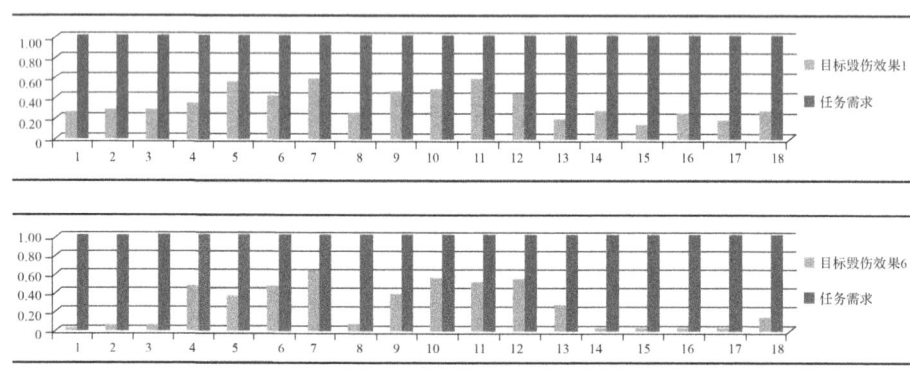

图7-5　多实验点数据对比分析图

第 7 章 作战计划仿真实验评估分析实例

回溯分析可以看到在此三个目标所使用的均为反辐射无人机,对于诱饵没有较好的抗干扰能力,且在兵力的配比和批次上数量较少,因而在计划的优化过程中应对计划中的武器弹药使用情况予以实验和调整。另外对于目标 14、15、16 打击效果较差,通过对计划的回溯分析发现,其突击兵力突防效果较差,应加强我方对敌干扰效果,在方案优化中亦应重点关注。

通过作战计划总体评估分析,可以确定作战计划在各种实验条件下是否能够有效完成作战任务。然而如果想深入了解各种实验因素对作战计划影响的定量化关系,就需要开展关键实验因素的特性分析。

7.3.2 关键实验因素特性分析诊断

关键实验因素特性分析主要是通过因果回溯分析获得对实验因素与实验指标之间的定性、定量关系,从而发现内在规律,回答作战计划评估中"问题为什么发生"的问题,为计划优化提供定量化的数据分析支撑。特性分析可通过主效应分析和交互效应分析来实施。

图 7-6 是通过分析软件获得的本次实验主效应分析图。可以看出先期打击效果超过 50% 之后,打击效果变化趋缓,存在拐点。在末端信息防护效果达到 40% 以上时,对目标综合打击效果急剧下降,也存在一个明显的拐点,说明以下内容。

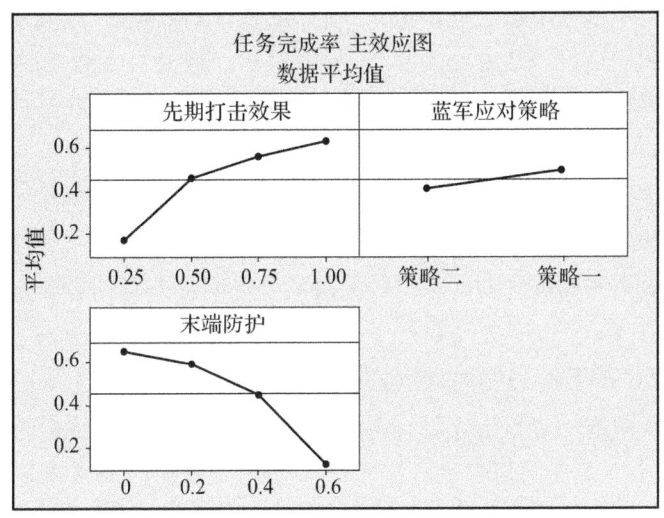

图 7-6 关键因素特性分析——主效应图

（1）先期火力打击效果达到50%可以较好地规避先期火力打击效果对作战计划造成的风险性。在实施先期火力打击时，应加强情报侦察，确认先期火力打击效果达到50%以上，如未达成以上效果，应在方案优化中调整兵力对重点目标予以补充打击，以确保作战计划的稳健性。

（2）敌方末端信息防护效果达到40%以后，计划存在较大风险性，应加强先期情报侦察，准确把握蓝方末端信息防护效果，或调整兵力使用和武器装备与弹药配置，以确保达成作战目标。

通过对作战计划进行总体分析，可以获得如下信息。

第一，在风险性因素条件下方案的可行性分析结果。

第二，风险性因素对计划的影响特性分析结果。

通过上述分析，可以看出，给定作战计划在风险性因素影响较小条件下，计划可以完成任务要求，而在大多数实验条件下都无法有效完成计划任务，因此此套作战计划是存在较大风险性的，需要进一步对计划数据进行实验诊断，找到计划的重心和任务特性指标与计划中兵力、武器出动兵力、干扰空域、时序、掩护、武器装备使用等的因果关系，进而为计划的优化设计打下基础。

7.3.3 计划打击重心分析诊断

美国空军军事理论家沃登认为，"指挥员和计划人员最重要的职责或许就是正确识别和适当打击敌方的重心"。根据对重点打击目标毁伤效果与打击整体作战效果满意度的数据分析发现作战计划重心，为指挥决策提供分析基础。

7.3.3.1 基于贝叶斯分析的计划打击重心分析

通过系统软件提供的贝叶斯数据挖掘分析工具，可以得到各打击目标打击效果与作战计划完成综合度的关联度分析，如图7-7所示。可以看出目标8雷达的打击效果与作战计划的打击效果关联度最高，因而其是本方案的计划重心之一。

7.3.3.2 基于折线图的计划打击重心分析

通过折线图进一步分析计划打击整体效果与目标8制导雷达的打击效果的关联性。从图7-8中可以看到，二者之间表现出极强的关联性。通过对作战计划的反推分析可以看出，目标8地区防空火力密集，对目标8地区的突击效果对我方成功突防进而完成对其他目标的打击任务具有较大影响。

第 7 章 作战计划仿真实验评估分析实例

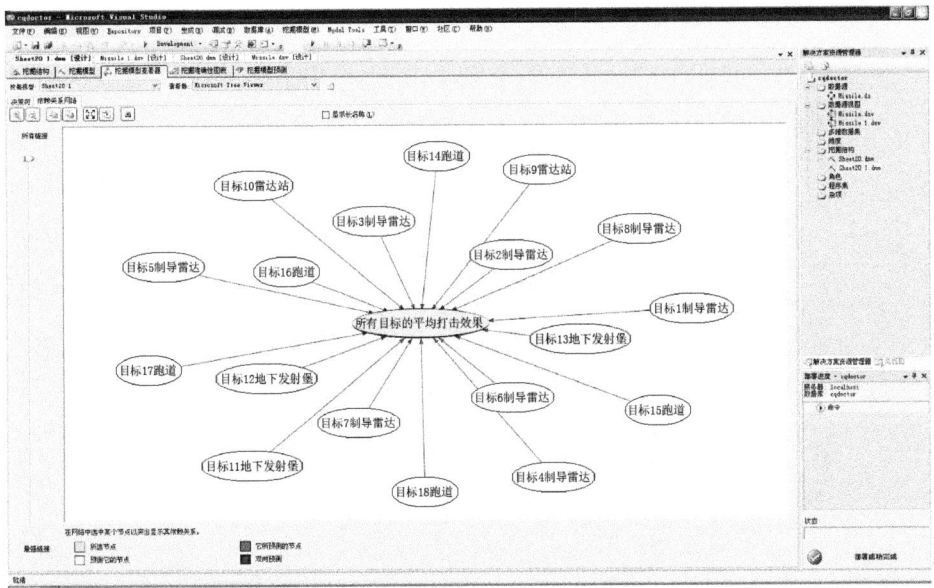

(a)

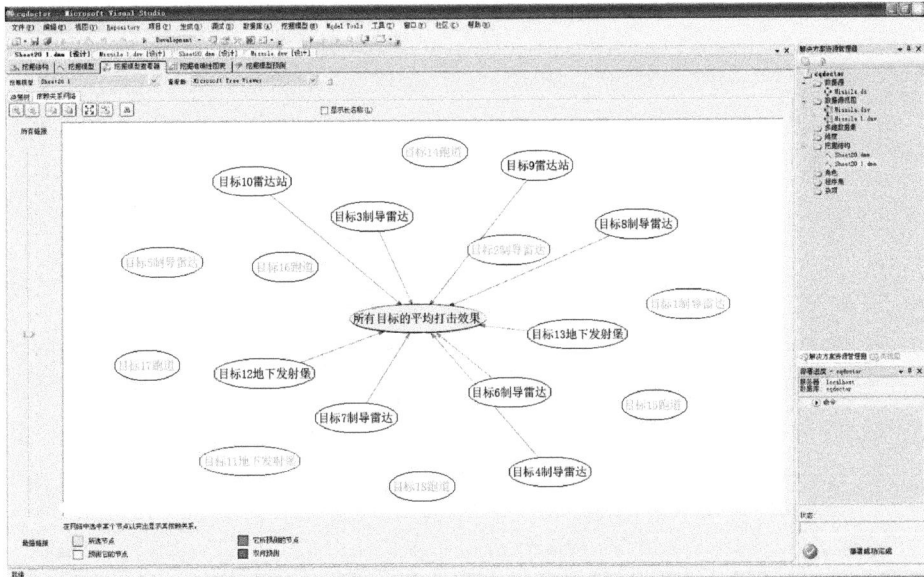

(b)

作战计划仿真实验评估分析方法

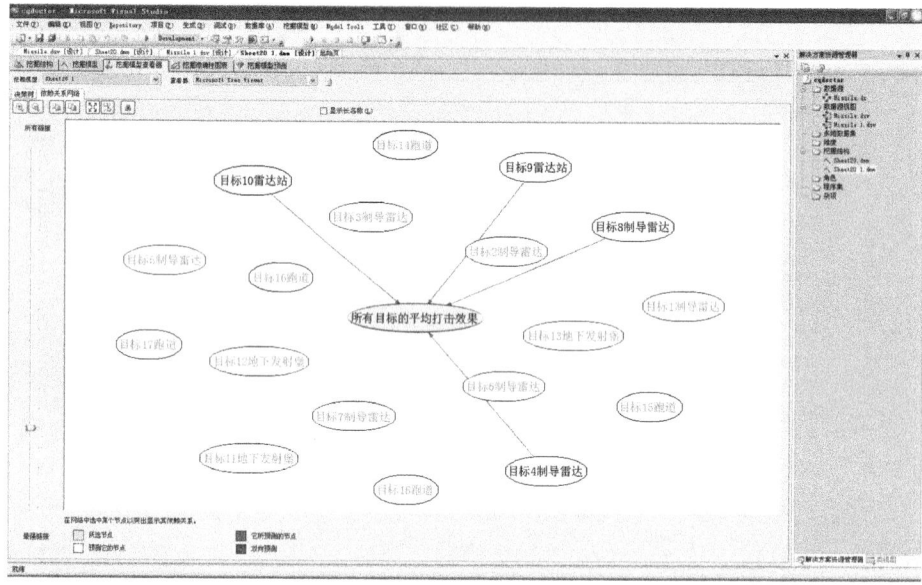

（c）

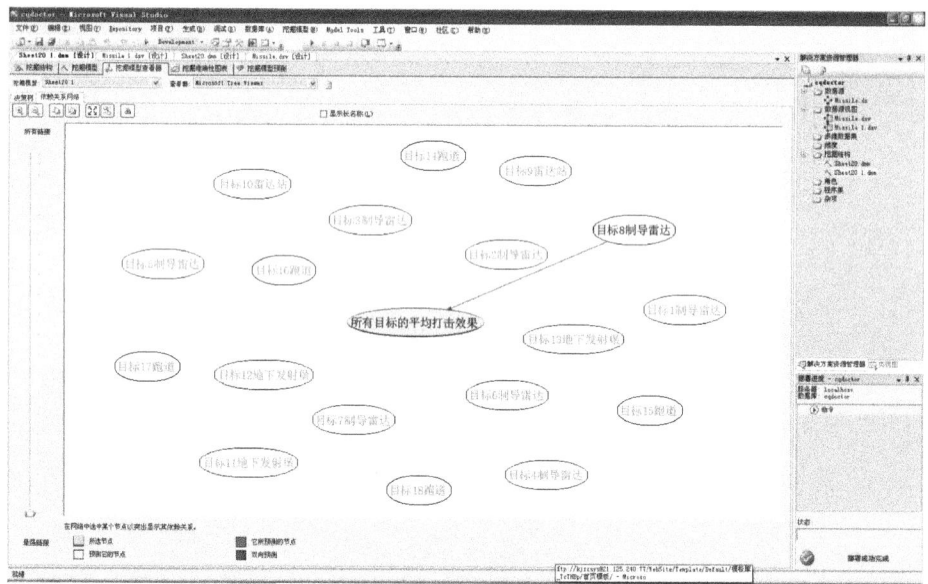

（d）

图7-7　战役重心的贝叶斯分析

第 7 章 作战计划仿真实验评估分析实例

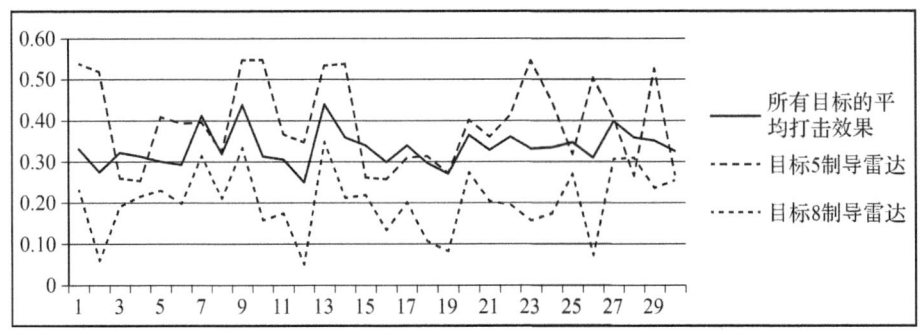

图 7-8 战役重心的关联性分析

7.3.3.3 基于需求空间灵敏度分析的计划打击重心分析

如前所述,用计划的有效性测度来衡量作战计划完成的效果。在计划中我们通过计算同一计划的不同仿真实验样本数据落入由专家意见拟合而成的多维需求空间样本数来确定计划有效性,如图 7-9 所示。通过对单个目标打击效果进行 ±10% 的扰动,计算其变化对计划任务完成度的灵敏性。通过对 18 个目标进行灵敏度分析对比,可以看到目标 8 制导雷达打击效果对于作战计划完成综合度具有最高的灵敏性,因而在下一步的计划优化过程中应重点关注。

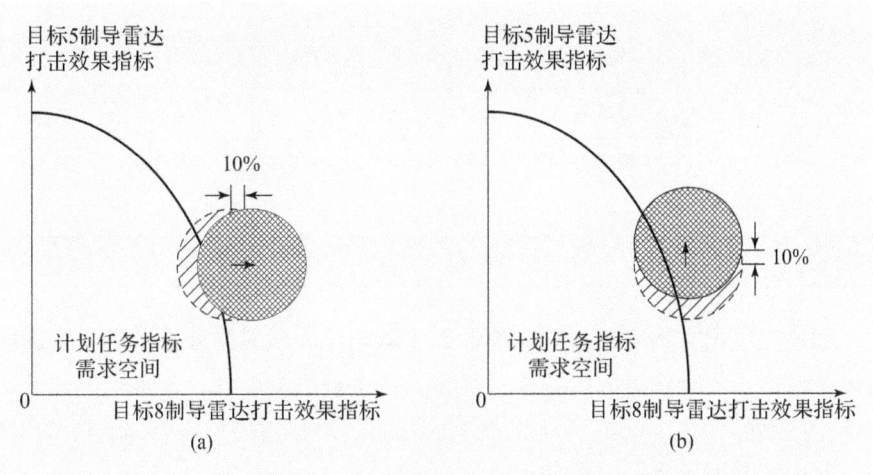

图 7-9 灵敏度分析示意图

通过上述三种分析不难发现,目标 8 制导雷达是本次作战计划中的重心。通过对作战计划的反推分析可以看出,目标 8 制导雷达地区防空火力密集,其突击效果对我方成功突防进而完成对其他目标的打击任务具有较大影响。因此得出的诊断意见是：在总体兵力不变的情况下从出动兵力、干扰空域、时序、掩护、武器装备等方面调整目标 8 制导雷达打击目标的兵力使用，从而进一步提高对目标 8 制导雷达的压制效果，控制作战计划受关键目标影响带来的风险。作战计划中包含 18 个打击目标，由于目标特性不同，在作战计划中的重要性不同、在整个计划实施过程中的作用不同等原因，其打击效果对作战计划任务的达成起着不同的影响作用。找到计划的打击重心，对于实现下一步的作战计划实验优化，在相同可用兵力资源条件下达成更好的打击效果具有指导性作用。

7.4 计划的实验优化

7.4.1 计划优化实验设计

通过对计划的诊断，拟从重点目标兵力使用、干扰空域配置和无人机使用三个方面调整方案。在优化实验中，取风险性最大的因子水平组合，其实验因子设计如表 7-5 所列。

表 7-5 优化实验因子水平设计（含风险性因子实验设计）

实验因子	红军先期打击效果	蓝军应对策略	蓝军末端信息防护效果	重点目标兵力方案	干扰空域	无人机使用
水平 1	100%	策略一	60%	方案一	方案一	方案一
水平 2	75%	策略二	40%	方案二	方案二	方案二
水平 3	50%	—	20%	—	—	—
水平 4	25%	—	0（无效）	—	—	—

如果在优化方案中不再就风险性因子影响作深入实验分析，则可以选取最强风险性因子组合作为实验条件对优化方案进行组合设计，其实验因子设计如表 7-6 所列。

其中实验因子水平设置如下。

重点目标兵力方案一：减少 2、11、12 目标打击兵力，调整增加至目标 8，打击兵力调整量 25%。

重点目标兵力方案二：减少 14、16 目标打击兵力，调整增加至目标 8，打击兵力调整量 25%。

■ 第 7 章　作战计划仿真实验评估分析实例

表 7-6　优化实验因子水平设计（不含风险性因子实验设计）

实验因子	红军先期打击效果	蓝军应对策略	蓝军末端信息防护效果	重点目标兵力方案	干扰空域	无人机使用
水平 1	25%	积极应对	60%	方案一	方案一	方案一
水平 2	—	—	—	方案二	方案二	方案二

干扰空域方案一：调整干扰空域至 5 号空域，增加对目标 8 方向的干扰掩护效果。

干扰空域方案二：调整干扰空域至 6 号空域，增加对目标 8 方向的干扰掩护效果。

无人机使用方案一：减少无人机使用量 25%，使用飞机挂载精确制导弹药实施攻击。

无人机使用方案二：减少无人机使用量 50%，使用飞机挂载精确制导弹药实施攻击。

7.4.2　计划优化实验综合指标数据集结

实验需求空间构建及其实验综合指标计算方法如 7.3.1 节、7.3.2 节所示，经计算得到优化后的指标数据如表 7-7 所列。

表 7-7　计划优化实验点组合设计及打击效果（不含风险性因子实验设计）

序号	先期打击效果	蓝军应对策略	末端信息防护	重点目标兵力方案	干扰空域	无人机使用	对地突击综合任务完成度
1	25%	策略一	60%	方案一	方案一	方案一	0.85
2	25%	策略一	60%	方案一	方案一	方案二	0.94
3	25%	策略一	60%	方案一	方案二	方案一	0.86
4	25%	策略一	60%	方案一	方案二	方案二	0.91
5	25%	策略一	60%	方案二	方案一	方案一	0.82
6	25%	策略一	60%	方案二	方案一	方案二	0.91
7	25%	策略一	60%	方案二	方案二	方案一	0.82
8	25%	策略一	60%	方案二	方案二	方案二	0.90

7.4.3 计划优化实验方案数据的总体分析

如图7-10所示，通过对优化实验方案数据的多实验点指标综合数据对比分析可以看到，计划调整优化后，即使在风险性最强因子组合条件下也可取得较为满意的效果，即计划具有较强的稳健性。其中，优化方案二为最优方案。

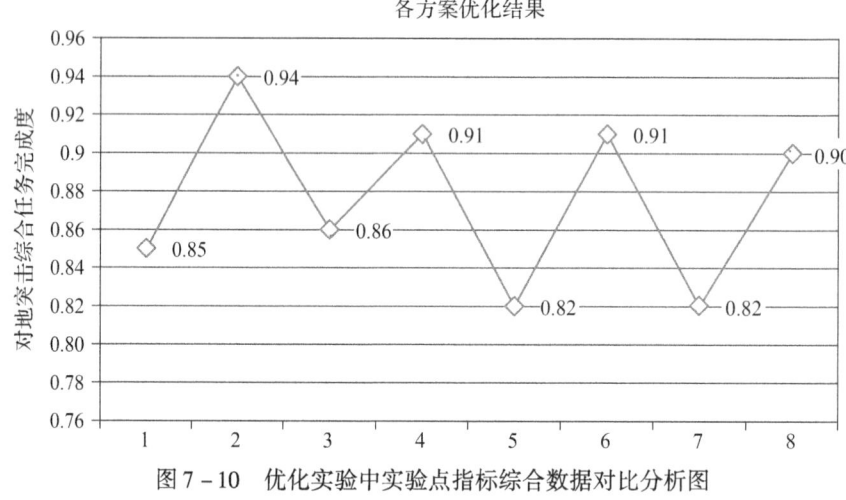

图7-10 优化实验中实验点指标综合数据对比分析图

如需对计划作进一步分析和优化，可依照7.3节、7.4节和7.5节的相关分析与诊断、优化方法、步骤进行，通过多轮分析、诊断、优化，最终获得满意的计划。

# 参考文献

[1] 江敬灼.作战实验若干问题研究[M].北京:军事科学出版社,2010.
[2] 常青,刘小荷,吉宁.论作战实验与空军战役指挥训练创新发展[J].空军军事学术,2013(2):53-55.
[3] 赵存如,李宁,王维.外军作战实验的军事需求与实际成效[J].军事运筹与系统工程,2007(2):78.
[4] 常青,胡斌.美军联合作战实验及其发展[J].军事运筹与系统工程,2006(4):74-77.
[5] 糜振玉.钱学森现代军事科学思想[M].北京:科学出版社,2011.
[6] 江敬灼.论作战实验方法[J].军事运筹与系统工程,2009,23(3):8-10.
[7] 王辉青.论作战实验的科学基础和认知特征[J].中国军事科学,2007,20(3):3.
[8] 任连生.基于信息系统的体系作战能力概论[M].北京:军事科学出版社,2009.
[9] 司光亚,等.联合作战实验概论[M].北京:国防工业出版社,2024.
[10] 苏英振,等.空中进攻战役计划理论研究[M].北京:蓝天出版社,2005.
[11] 袁文先,孙儒凌.联合战役指挥教程[M].北京:蓝天出版社,2006.
[12] 李荣国,吴继锋.联合作战背景下精准控制协调预防战斗误伤的对策[J].通信指挥学院学报,2008(3):36.
[13] 吴小良,王凯.基于多目标模糊决策模型的联合作战方案优选[J].装甲兵工程学院学报,2004(3):52.
[14] 王静岩,郑建军,吴裕树.一种基于神经网络的作战方案评估方法[J].军事运筹与系统工程,2005(3):57.
[15] 肖凡,刘忠,黄金才.作战方案效能评估指标研究[J].军事运筹与系统工程,2006(2):41-44.
[16] 卢利华.军队指挥学基础[M].北京:国防大学出版社,2002.
[17] 董树军,刘宇驰.炮兵火力计划评估[J].炮兵学院学报,2001(4):21.
[18] 吴敏文,安欣.联合作战实验体系概念、构成及构建[J].军事学术,2010(10).
[19] 黄伟,周奕,王燕.联合火力打击中常规导弹作战集团火力计划的量化评估研究[J].兵工自动化,2009(7):6-9.
[20] 张道延,吴俊,曹勇.炮兵作战决策方案优选的方法[J].火力与指挥控制,2009(1):113-114.
[21] 董晓明,刘慷.层次分析法在作战方案优选中的应用[J].火力与指挥控制,2002(s1):56-58.
[22] 佟淼,李登峰.舰艇作战方案评价模型与方法研究[J].海军大连舰艇学院学报,2000(3):38-39.
[23] 唐克,魏传庭.可拓理论在炮兵火力运用方案评估中的应用[J].设计学报,2006(1):8-10.
[24] 张忠良,赵久利,姚永国.炮兵火力运用方案评估[J].火力与指挥控制,2002(s1):31-33.
[25] 常青,刘小荷.基于仿真实验的空军战役作战方案评估实践与探讨[C]//拓展和深化军事斗争准备与军事系统工程.北京:海潮出版社,2011.
[26] 王文胜,刘奎,王治德.作战方案评估专家系统的设计与实现[J].计算机工程与应用,2003,29(12):221-223.

[27] 罗蓉,胡宝成.作战方案评估系统的设计与实现[C]//中国自动化学会第15届青年学术年会论文集.上海:中国自动化学会,2000:272-275.

[28] 董树军,张庆捷,等.作战方案评估智能决策支持系统研究[J].运筹与管理,2002(2):100-105.

[29] 徐润萍,王树宗,顾健.基于Agent的协同计划辅助决策系统研究[J].计算机仿真,2005(3):8-10.

[30] 王进,徐洸.分布式作战计划辅助生成系统研究[J].计算机工程与设计,2001,22(2):13-14.

[31] 肖鹏坤,吴裕树.作战方案效能分析系统研究[J].兵工自动化,2005,(3):3-5.

[32] 刘祖煌,程启月.关于联合作战方案评估研究的文献综述[J].教学研究资料,2010(5):17-22.

[33] 总参谋部情报部.联合作战计划制定纲要[M].北京:解放军出版社,2008.

[34] MATTHIAS S. Bubbles and information:an experiment[J]. Management Science,2012,58(2).

[35] 美国国防大学武装部队参谋学院.美军联合参谋军官指南[M].刘卫国,译.北京:解放军出版社,2006.

[36] 刘忠,等.作战计划系统技术[M].北京:国防工业出版社,2007.

[37] 总参谋部军训和兵种部编译.联合火力支援条令[M].北京:解放军出版社,2008.

[38] 姚立,等.战役计划联合条令[M].北京:解放军出版社,2006.

[39] 陈欣,张浩,等.评估分析仿真系统[M].北京:军事科学出版社,2009.

[40] ALBERTS D S. Code of best practice for experimentation[M]. Washington,DC:CCRP Publication Series,2002.

[41] ALBERTS D S,HAYES E R. Code of best practice:campaigns of experimentation pathways to innovation and transformation[M]. Washington,DC:CCRP Publication Series,2005.

[42] KASS A R,ALBERTS S D,HAYES E R. The logic of warfighting experiments[M]. Washington,DC:CCRP Publication Series,2006.

[43] TTCP. Guide to understanding and implementing defense experimentation(GUIDEX)[R]. DC:TTCP,1998.

[44] KREIS F J,WORLEY D R. Methodology for independent assessment of advanced warfighting[R]. RAND Document,1999.

[45] LUCAS W T,BANKES C S. Improving the analytic contribution of advanced warfighting experiments[R]. RAND Document,1998.

[46] 军事科学院外国军事研究部.恐怖的海峡？中台对抗的军事问题与美国的政策选择[M].北京:军事科学出版社,2000.

[47] 军事科学院外国军事研究部.中国-台湾冲突政治背景和军事方面的平衡[M].北京:军事科学出版社,2010.

[48] 军事科学院军事运筹分析研究所.作战实验建模仿真与分析[M].北京:军事科学出版社,2008.

[49] 军事科学院军事运筹分析研究所.作战实验理论与实践[M].北京:军事科学出版社,2008.

[50] 军事科学院军事运筹分析研究所.作战实验实施指南[M].北京:军事科学出版社,2008.

[51] 军事科学院军事运筹分析研究所.军事运筹分析方法(上册)[M].北京:军事科学出版社,2009.

[52] 军事科学院军事运筹分析研究所.军事运筹分析方法(下册)[M].北京:军事科学出版社,2009.

[53] 军事科学院军事运筹分析研究所.联合作战计划与联合分析手册[M].北京:军事科学出版社,2009.

参考文献

[54] 军事科学院军事运筹分析研究所. 联合作战计划与联合分析手册[M]. 北京:军事科学出版社,2009.

[55] 张最良,等. 军事战略运筹分析分析方法[M]. 北京:军事科学出版社,2009.

[56] 军事科学院军事运筹分析研究所. 战略分析与作战实验[M]. 北京:军事科学出版社,2011.

[57] 胡晓峰,杨镜宇,等. 战争复杂系统仿真分析与实验[M]. 北京:国防大学出版社,2008.

[58] 吕跃广,方胜良. 作战实验[M]. 北京:国防工业出版社,2007.

[59] 郁军,周学广. 军事实验最佳规程[M]. 北京:电子工业出版社,2007.

[60] 马曾军,孟凡松,车福德,等. 作战实验及其逻辑(译文集)[M]. 北京:国防工业出版社,2010.

[61] 张列刚,张健康,等. 仿真实验设计与分析[M]. 北京:电子工业出版社,2007.

[62] 龙建国. 海军作战实验理论与应用年[M]. 南京:海军指挥学院,2006.

[63] 王治邦. 陆军作战实验理论与实践[M]. 北京:海潮出版社,2009.

[64] 胡剑文,常青,等. 作战仿真实验设计与分析[M]. 北京:国防工业出版社,2010.

[65] 陈建华,李刚,等. 舰艇战法实验与分析[M]. 北京:国防工业出版,2010.

[66] DOUGLAS C M. Design and analysis of experiments [M]. 6th Edition. 北京:人民邮电出版社,2012.

[67] KLEIJNEN J P C. Invited review:an overview of the design and analysis of simulation experiments for sensitivity analysis[J]. European Journal of Operational Research,2005,2:1–14.

[68] KLEIJNEN J P C. Overview:design of experiments[C]. Proceedings of the 2008 Winter Simulation Conference,2008.

[69] KLEIJNEN J P C. Design and analysis of simulation experiment[M]. Berlin:Springer Science,2008.

[70] AVERILL M L,et al. Simulation modeling and analysis[M]. 3rd edition. 北京:清华大学出版社,2000.

[71] 茆诗松,周纪芗,陈颖. 实验设计[M]. 3版. 北京:中国统计出版社,2004.

[72] D. C. 蒙哥马利. 实验设计与分析[M]. 3版. 汪仁官,陈荣昭,译. 北京:中国统计出版社,1988.

[73] 茨木俊秀,福岛雅夫. 最优化方法[M]. 3版. 北京:世界图书出版社,1997.

[74] 曾宪钊. 军事最优化新方法[M]. 3版. 北京:军事科学出版社,2005.

[75] 何明,李志荣,等. 作战仿真实验中的实验参量空间分析[J]. 指挥控制与仿真,2011,33(5):68–71.

[76] 马志松. 论战术设计[M]. 北京:国防大学出版社,2006.

[77] 袁华. 海军战术仿真想定空间辅助生成研究[M]. 北京:海潮出版社,2010.

[78] 胡剑文. 武器装备体系能力指标的探索性分析与设计[M]. 2版. 北京:国防工业出版社,2012.

[79] 贾俊平. 统计学[M]. 北京:中国人民大学出版社,2009.

[80] 常青,刘小荷,胡剑文. 基于仿真实验的作战计划评估过程设计与实现[C]//加快推进国防和军队现代化与军事系统工程. 北京:海潮出版社,2013.

[81] 卜先锦,董献洲. 作战实验设计与运筹分析方法[J]. 军事运筹与系统工程,2009,23(3):16–21.

[82] 龙建国. 作战实验原理与方法[J]. 军事运筹与系统工程,2008,22(1):9–13.

[83] 沈寿林,张国宁,杜丹. 作战实验:战争预实践的有效方法和手段[J]. 中国军事科学,2007,20(3):6–12.

[84] 沈寿林,张国宁. 作战实验理论与方法研究现状及前瞻分析[J]. 中国军事科学,2009(3):62–70.

[85] 王辉青. 作战实验若干基本理论问题探讨[J]. 军事运筹与系统工程,2008,22:3–8.

[86] 张德群,龙建国. 高级作战实验问题研究[J]. 军事运筹与系统工程,2005,19(1):7–13.

作战计划仿真实验评估分析方法

[87] 张野鹏. 作战实验与作战实验室[M]. 北京:解放军出版社,2007.

[88] ALBERTS D S,GARSTKA J J,FREDERICK P S. Network centric warfare:developing and leveraging information superiority[M]. 2nd Edition. Washington,DC:CCRP,1999.

[89] C4ISR Architecture Framework Version 2.0[R]. Washington,DC:The Architecture Working Group and the Office of the Secretary ref Defense,1997.

[90] WORLEY D R. Defining military experiments [R]. IDA Document,2000.

[91] PAULK D,BIGELOW J H. Experiments in multi-resolution modeling[R]. MR-1004-DARPA,1998.

[92] KASS R A. Understanding joint warfighting experiments [R]. 2001.

[93] STENBIT J P. The NATO COBP for command and control assessment[M]. Washington,DC:CCRP,1998.

[94] BRIAN B S. An expected cost methodology for screening design selection[J]. Quality Engineering,2014,26(2).

[95] DAVE A. Air-ground interaction:preliminary results from the volition attack guidance experiment[J]. C2 Joural,2011,5(3).